キラキラ輝く人になる

悟りに近づく、超能力を磨く、究極の自分錬金術

エリコ・ロウ
Eriko Rowe

ナチュラルスピリット

キラキラ輝く人になる

――悟りに近づく、超能力を磨く、究極の自分錬金術

はじめに

あなたが理想とする人、憧れる人はどんな人ですか？

私が憧れるのは、社会的地位や職業、年齢、外見にかかわらず、キラキラ輝いて見える人です。決して美人ではないのに、自信に満ち、チャーミングな微笑みと物腰で人を惹きつける磁力をもつ人。周囲の人を和ませる優しさに満ちた人。高ぶらず、驕らず、自分に与えられた才能を生かし、社会のために貢献している人。逆境や困難に際しても屈せず、歪まず、それを精神の糧とできる人。そうした人たちはその存在がキラキラ輝いていて、私にとっては「眩しい」存在です。

昔から宗教画が描く神仏や聖人は神々しい光に包まれていますが、気功やチベット仏教医学などの観点からみれば、人の「輝き」や「眩しさ」は単なる比喩や象徴ではなく、その人がもつ「気」の生命エネルギーの清らかさとパワーの表れです。

英語では、「悟り」を示す言葉はエンライトメント（Enlightenment）。光を得るという意味です。チベット密教には、人類の祖先は肉体をもたない光体の宇宙人だったという教えもあります。地球に棲みつき物を食べるようになったために波動が下がり肉体をもつようになったが、悟りを極めれば、肉体を消滅させ、七色の光の虹の身体に戻れるとされているのです。

道家気功でも、心身を鍛錬し人徳を高めると、体内で錬丹術が起こり、神性な気が凝縮して下腹部から脳に流れ、頭頂から光の分身が生まれる、とされています。

人は神性と魂の情報を含む「元気」をもって生まれてきて、それに食事や運動で新たな気を補いながら生き、元気を使い果たした時に生命を失います。

心身のどこかに病んでいる気（病気）があったり、周囲から受けた邪気を溜めると、元気が減るので輝きが薄れ、くすんだ存在になってしまいます。

逆に心身の健康に「気」をつけ、健全で他人のためにもなる生き方をしている人は、人徳を積み、悟りが少しずつ開け、天と地から補給される気も増えるので、どんどん輝きを増していきます。そして輝きが増すほどに超人的な能力も開花するのです。

最近では科学者の研究でも、亡くなった人の霊が現れると、その場の光子の量が増えることや、生きている人も体内で微細な光（バイオフォトン）を発光していることが分かり、人の真髄は光体であるという見方も非科学的な迷信とは言えなくなっています。

本書には心身の健康を増進し、潜在能力を開花させ、悟りに近づくために役立つとして米国で注目を集めている最新情報を集めました。あなたがより「元気」になり、キラキラ輝く人になるための参考にしていただければ幸いです。

キラキラ輝く人になる　目次

第1章 まずは自分をリセットする

頭も性格もより良くできる

頭や性格の良し悪しは生まれつき。怪我や病気で損傷したら脳は回復できない。こうした見方は、近代医学の迷信にすぎなかったようです。生きている人の脳の構造や活動ぶりが調べられる医療技術の発達で脳神経学は新たな発見が相次ぐエキサイティングな時代を迎え、脳には驚異的な可塑性（変わる力）があることが明らかになったのです。

脳の中で起きている変化は、以前から意識の状態の変化を示すとみられる脳波計で、ある程度は推測できていました。脳の中を3D画像で見られるＳＰＥＣＴ（シンチグラフイー＝単一光子放射断層撮影）や脳内を流れる血液量を可視化できるｆＭＲＩ（機能的磁気共鳴画像法）により、今では脳の特定の部位やその活動状況が細かく分析できます。

その結果、物の考え方や感情、行動、ライフスタイルを変えれば、脳の特定の部位の活動にも変化が起き、その積み重ねで脳の組織構造自体も変化してしまうことが分かりました。

脳の中に張り巡らされた情報通信網である脳神経網は、道路にたとえることができます。人通りのない道路はやがて草に覆われ、道は消えてしまいます。頭も使わなければ錆びるというのは本当で、情報が行き来しない部分の脳神経網は退化します。逆に交通需要が増大すれば道路は拡張され高速道路にもなるように、脳でも情報量が増えれば、必要な脳神経網は補強されます。つまり、頭は使えば使うほど良くなるのです。

脳の可塑性はいわゆる頭の良し悪しには限らず、感情や思考を司《つかさど》る脳の部位についても同様です。「三つ子の魂百まで」などと言われ、生まれつきの要素が強いと考えられていた性格や人格も後天的に変えられるというわけです。

思いやりの気持ちをもつ時間が多いほど、思いやり深い人になれるし、我慢することが多いほど、我慢強い人になれることも脳の研究で実証されているのです。

不安や怒りを癖にしない

車を運転したり道を歩いている時に、考えごとをしていて、うっかりその日の目的地に向かう道ではなく、通い慣れた方向に曲がってしまった経験はありませんか？

私たちの性格や性癖もそうした積み重ねから出来あがっているようです。新しい出来事が起きても、それを全く新たな視点で捉えて「対応」する代わりに私たちの脳は自動検索をかけ、類似した過去の出来事の記憶が保存されていないかを探します。

これは、安全ソフトを搭載しているコンピュータがネットからのダウンロードなどに自動的にウィルス・チェックをかけるようなもので、生命への危険を察知する生存本能の働きです。そして、類似の出来事が発見されたら、脳の神経回路の情報伝達を通じて、その時の体験に照らし合わせてふさわしい「反応」を起こします。

新たな出来事を喜ぶべきか、悲しむべきか、怒るべきか、脳が過去の体験に照らして判断し感情が選ばれ、その感情が引き金となった思考と身体の反応の連鎖が始まります。

厄介なことに、そうした過程は頭の中のバックグラウンド、潜在意識のレベルで進むので、私たちのふだんの意識では認識できません。その結果として、他人の言葉を早とちりして過剰反応してしまったり、後で悔いるような行動をとっさにとってしまったり、「自分で自分が分からない!」と悲鳴を上げたい状況に陥ったりすることになります。そうしたことを繰り返しているうちに、連鎖半応を起こす脳神経回路は強化され、心配性や癇癪《かんしゃく》持ちなどがしっかり性癖として身についてしまうのです。

従来の心理学では、こうした問題の解決には精神科医や心理療法士との対話療法によって深層心理に潜む謎解きをしていくことが必要だとされてきました。それには何カ月何年という長い時間がかかります。精神分析が定着した米国では心理療法に通うのは人目を忍ぶべきどころかステータス・シンボルでさえあり、お気に入りの心理療法士を生涯の伴侶と考えている人も少なくありません。

こうしたお金や時間の負担も大きい対話療法に変わって急速に普及してきたのが、エネルギー心理学療法です。それは頭とからだを結ぶ生命エネルギー(気)の流れを通じて脳に働きかけ、癖になった情報伝達をいったん遮断して脳神経回路を切り替えさせることにより頭をリフレッシュ、リセットする療法です。

癖になった脳神経回路を書き換える

米国ではまず１９８０年代中盤に、高所恐怖症といった恐怖症も5分で治癒できるというＴＦＴ（思考場療法）が注目を集めました。心理学者のロジャー・キャラハン博士が発表したこの方法は、人のからだにはさまざまな心身の問題に呼応するエネルギーのポイントがあり、そこを指でトントン叩けば信号が脳に伝わり、問題を解消できるというものです。

当時はまだ代替医療への評価が低かったこともあり、心理学者からは懐疑的な視線を集めましたが、ＴＦＴの効果を確信する療法士も少なくありませんでした。

その数年後にはＴＦＴの簡略版のようなＥＦＴ（感情解放テクニック）と呼ばれる類似の新たなテクニックが登場しました。スタンフォード大工学部の出身で神経言語プログラミングの療法士だったゲリー・クレイグが考案したエネルギー心理療法で、自分に暗示をかけながら頭と上半身の決まった数カ所をトントンと叩くだけで、どんな問題も解決できるというものでした。

誰にでもできる簡単な方法であることも手伝い、ＥＦＴは人気を呼び、近年では心理療法の域を超え、能力開発から病気の治療までさまざまな目的で利用されるようになっています。

また、帰還兵や事故、犯罪や虐待の被害者などが患うＰＴＳＤ（心的外傷後ストレス障害）にも優れた効果を発揮する画期的なセラピーとして近年、注目を集めているテクニックもあります。

それは米国で１９９５年に起きたオクラホマの連邦ビル爆破でＰＴＳＤとなった被害者や救急隊員の主任カウンセラーだったブレント・バームが開発したＨＭＲ（ホログラフィック・メモリー・レゾリューション）で、エネルギー心理学療法とカラーセラピーなどをかけ合わせたユニークな療法です。

ＨＭＲは記憶回復療法の一種で、カウンセラーが患者の頭の後ろに手をかざし、「その怒りはからだのどこで感じますか？」、「何か匂いはしますか？」といった質問をしていると、患者は五感の記憶から、脳神経回路を過剰反応させる発端となった出来事を思い出します。催眠術のようですが、催眠法とはまったく異なり、患者は通常通りの意識をしっかり保ったまま、冷静に今の視点から過去の出来事を振り返ることができるのです。顕在意識の助けで、その出来事が現時点では恐れる必要のない過去の出来事であることを再認識できれば、頭はリセットでき、脳の情報伝達の流れが変えられるのです。類似した反応に過剰反応する悪循環から開放されるのです。

ホログラムのように時空を超えて人の意識の世界に存在し、今を脅かす過去の記憶の感情のエネルギーがリリースされるので、患者が泣き出すことはありますが、催眠法などによる記憶回復術と異なり、過去の体験を頭の中で再体験してパニックになったり感情に圧倒されることなく、トラウマを消すことができるのです。

傍《はた》から見ているとまるでマジックのようで信じがたいのですが、私はトレーニングでこのセラピーを受けている時、本当にあっという間に、想像もしていなかった思い出が浮かび上がりました。

ときどき膝が痛くなるので、膝の痛みに意識を集中したところ、何十年も思い出したことがなかった、小学生の頃のある出来事のシーンが蘇ったのです。学校の校庭で仲の良い友人に、喧嘩していたわけでもないのに、なぜか突然とてもひどいことを言ってしまったのでした。すぐに後悔し、しばらくは気にしていたものの、すっかり忘れてしまっていたのでした。でも、セラピー中にその出来事を思い出した時には、自分がその時にどうしてそんなことを言ったのか、その理由もはっきり分かったのです。

その後、エネルギー・ヒーリングのクライアントにも試していますが、効き目があることは実感しました。そして、程度の違いがあっても、人は誰もが心理的なトラウマの産物なのだとつくづく悟ったのです。

このセラピーの実践を通して私はとても貴重なレッスンを学びました。それは、私たちが自分の性格の弱点だと思っていることや、人間関係での悩みの多くは、とくに子どもの頃に体験したほんのちょっとした出来事からのトラウマが生み出した悪循環なのだということです。親から言われた何気ない一言や一瞬だけ迷子になった体験などの脳の反応が引き金となり、脳が自動操縦を始め、ちょっとでも類似点がある出来事には同じ反応をするようになるのです。

バームによれば、ショッキングな出来事が起きると人の脳は一瞬、自己催眠状態になります。たとえば、牛乳を飲んでいた時に父親に殴られれば無意識のうちに「牛乳は危ない」という自己暗示がかかり、その結果、牛乳アレルギーになることもあるわけです。

さて、タッピングやＨＭＲといったエネルギー心理学療法は米国生まれの新しいセラピーではあるものの、実は中国伝統医学が示す気の経絡も利用しています。タッピングで使われるポイントは、怒りや不安、恐れなどの感情のエネルギーを排出するために刺激する気功のツボですし、HMRでも記憶回復を補佐するために、セラピストは患者の脊椎から経絡を通してエネルギーを送り込みます。

昔の人の知恵の正しさが最新の脳神経学で実証されたともいえるでしょう。

《EFT（感情解放テクニック）のタッピングの基本》

❶自分に言い聞かせる暗示の言葉を決めます。

次の（　）内に解決したい問題を入れます。

たとえ（　）でも、私はそんな私をすべて受け入れます。

たとえ（　）でも、私をそんな私を愛しています。

〈例1〉

たとえ、失恋の痛みが消えなくても、私はそんな私をすべて受け入れます。

たとえ、失恋の痛みが消えなくても、私をそんな私を愛しています。

〈例2〉

たとえ、頭痛持ちでも、私はそんな私をすべて受け入れます。

たとえ、頭痛持ちでも、私をそんな私を愛しています。

❷ ①の暗示を自分に向かって声に出して、または心の中で唱えながら、イラスト（次ページ）の1から順に人差し指と中指でトントンとタッピングします。

❸ ②を15分間繰り返します。

運動と社交で脳の若さを保つ

85歳までにアルツハイマー病になる確率が50％と言われる米国では、脳の高齢化による認知障害の予防、つまり、脳のアンチエイジングの研究が盛んです。一方、長寿者が多いことで知られる日本では、健康な長寿者の脳に関する研究が進んでいるようです。

どちらの研究からも、脳の老化には個人差が大きく、脳力は必ずしも年齢に比例しないことが分かっています。それだけではなく、脳を老化させる要因も、逆に脳の老化を

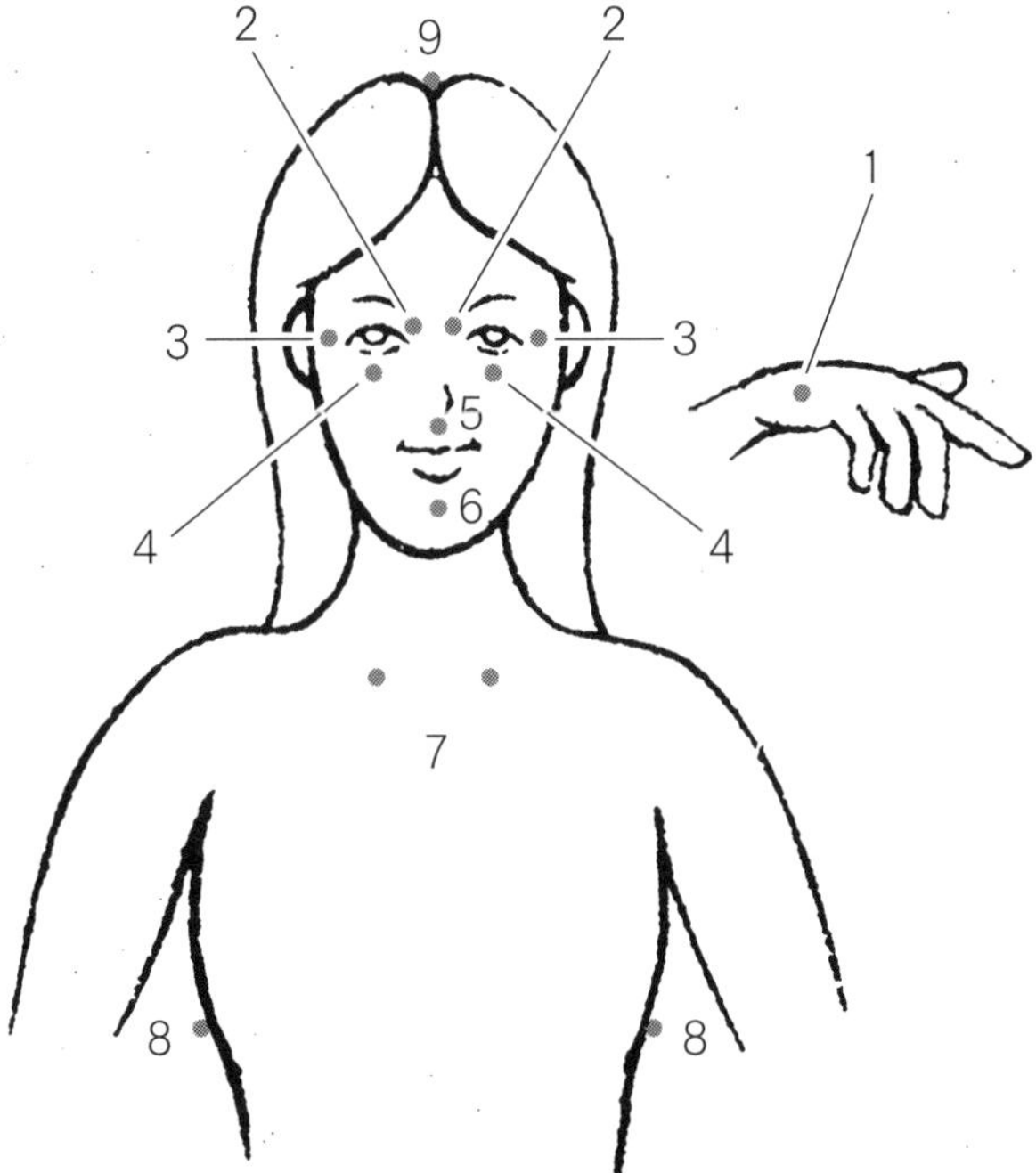

EFT のタッピングは、両手を使って同時に両側をタッピング、または片手で右半身か左半身だけタッピングしても効果があるとされています。両脇の下をタッピングする際には腕を交差させます。
１をタッピングする際には、空手チョップのように両手を側面でタッピング、７のタッピングはゲンコツで両方のポイントを同時にタッピングすることもできます。

防ぐだけでなく老化した脳の機能を改善できる方法も解明されています。

たとえば、脳の認知力を維持したり向上させるためには、エクササイズと社交（他人との積極的な関わりあい）が有効だとみられています。またジャグリングを1週間続けて練習するだけで、脳の中で視覚と運動を司る部分の灰白質が増加した、という研究結果もあります。

カナダのバンクーバー周辺には老後をゆったりと楽しむために移住してきた中国人がたくさんいます。その地域のチャイニーズ・レストランではランチタイムが終わると、レストラン全体が麻雀場に変身し、お年寄りでいっぱいになります。そのように、仲間で集まって麻雀を楽しんだり、ボケ防止に手の平の上で金属の玉を転がしたりといった、中国の高齢者の伝統的なライフスタイルにも確かな健康長寿効果があるのです。

一方、米国の高齢者用コミュニティーではどこでも、住民が集いあって楽しむための趣味やスポーツのクラブが充実していますが、それも脳のアンチエイジング効果を狙ったものなのでしょう。

オンラインの脳トレ・ゲームで知能指数も上げられる

つい最近まで、脳トレというと、あまり科学性のない気休めのように思われていました。しかし、脳神経に意外なほど柔軟な可塑性があることが医学的にも証明されたことから、脳のさまざま機能を高めるための訓練、いわゆる脳トレが盛んになっています。

脳波計で実際の脳の各部位の活動ぶりを追跡記録しながら作業を行なう、脳波バイオフィード訓練法を利用した脳のリハビリ施設も米国では普及しています。失読症、多動症など学習障害のもとになる脳神経の疾患や不眠症、不安症などを改善するための学生向けの脳トレも効果を上げています。

また、ビジネスマンなどがストレス解消や脳のパフォーマンスを高めるために通う脳トレのジムや、自宅でできる脳波バイオフィードバック訓練の装置、スマートフォンを利用して脳トレできるアプリなども続々登場しています。

インターネットでも脳トレを目的としたブレイン・ゲームが人気です。しかし、コンピュータのスクリーンを見ながら手指でキーボードやマウスを動かすだけのトレーニングにどの程度の効果があるのかについては、研究者の間でも意見が分かれています。

こうした脳トレ人気は一般メディアでも取り上げられるようになり、自ら実験台になり、その効果を調べようとしたジャーナリストもいます。

そのジャーナリストは英国のガーディアン紙の記者ですが、彼はまず自分の知能指数を、オンラインでできる英国の標準的な知能テストで調べて記録しました。次にインターネットで人気の脳トレ・サイト、ルモシティのゲームを1日20分、1カ月間続けました。そのあとに再度、知能指数を調べると、1つの分野の「計画力」を除き、「短期記憶力」、「集中力」などすべての分野で指数は上昇していました。とくに、論理力は33ポイントから51ポイントに上がり、受験者の上位6％に入ったそうです。

この結果について本人は、「知能指数のテストに慣れたという要素もあるだろうし、1回目のテストはオフィスのデスクで、2回目のテストは他に気が散る要素のない自宅で受けたという環境的な違いもあるので、科学的な比較実験とは言えないが、個人的には達成感があり、脳トレへの意欲も増した」と報告しています。

第2章

脳を調子に乗らせる

脳が喜ぶグリーン・ゾーン

頭のパフォーマンスを向上させるには、脳をグリーン・ゾーン（安全圏）に保つことが重要だということも分かってきました。

脳トレの権威としてもっか米国のテレビや雑誌、インターネットで大人気のカリフォルニア大学バークレー校の研究員の心理学者、リック・ハンソン博士によれば、精神的にも肉体的にも安心安定した状態でないと、脳は本領を発揮できないように出来ているのです。その理由を博士は、次のように説明しています。

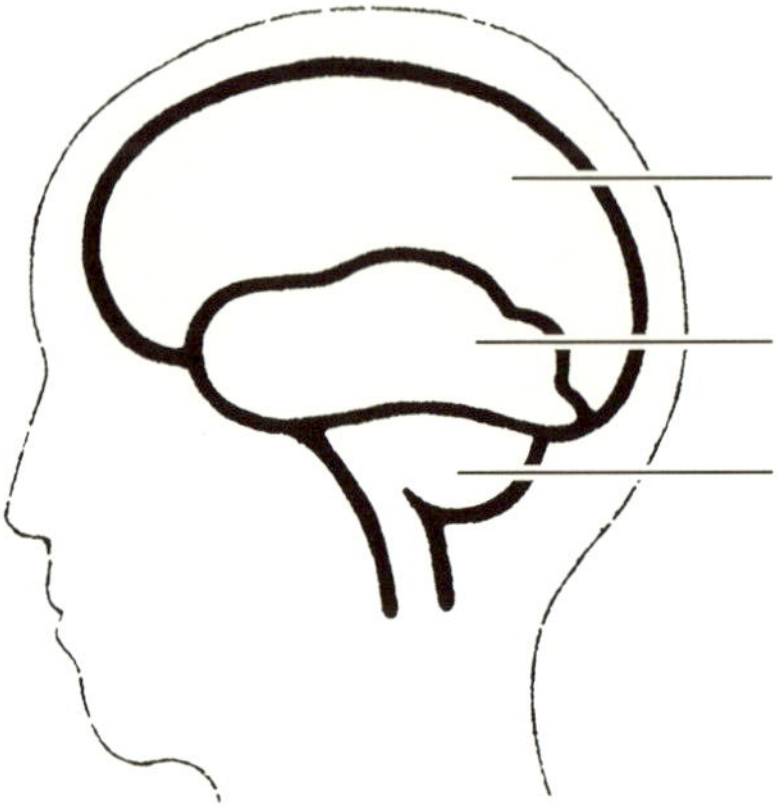

（略図であり、脳の部位の正確な構造や形状を示すものではありません）

「人は何十万年もの進化の過程で脳を進化させてきました。その結果、現代人の脳は3階建の家のような構造になっています。その土台はサバイバルに向けた機能、2階と3階には、より複雑で哺乳類の動物だけがもつ機能が入っています。そして、住宅と同様、1階の土台がしっかりしていないと脳はうまく機能できないようになっているのです。

1階の土台を構築するのは精神的な安心感、満足感や人との絆の感覚です。そのための必須条件となるのは、平和、充足感と愛情です。そして平和をもたらすには、注意力、保護、落ち着き、くつろぎが必要です。さらに、充足感を導くのは感謝の心、能力、野心、情熱で、愛情関係に欠かせないのは、思いやり、

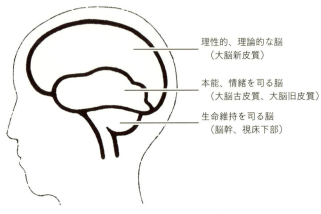

同情心、親切心、自信、確信、自尊心などです。

そうした感情が豊かな状態でこそ、人の脳は最大限に能力が発揮できるようにできているのです」

夢中になると脳は調子に乗れる

ビジネスでもスポーツでも、ミュージックや趣味のクラフトでも、人は自分が愛すること、楽しめることをしている時には、無理することなく自分のやっていることに意識を集中させることができます。自分の周囲で起きていることや、ふだん抱えている悩みごとや考えごとも意識にはのぼりません。時の経過にすら気づかないこともあります。文字通り、夢の中にいるように夢中になれるのです。

そんな時には、うまく軌道に乗って地球をめぐる人工衛星や、邪魔のない専用の線路を走る列車や、待望の大波に乗れたサーファーのようなもので、流れに乗ってすべてが快調に進んでいるのを感じます。

カーラジオの自動選局で周波数が特定のラジオ局に合うと、突然、雑音が止まり、クリアーな音声が流れ出すように、自分と社会、世界の波長がピッタリ合ったような快感を感じることもあります。

フロー体験はスーパー・ヒューマンへの入り口

そうした体験をしている最中には、人の意識は軽いアルタード・ステーツ（変性意識）に至っているとみるのは、心理療法士であり神学者でもある、ロック・ケリーです。

このような状態にある人の脳内の各部位の活動ぶりをｆＭＲＩで観察して比較すると、ふだんの暮らしでは最も活発に活動している前頭前皮質の活動が一時的に低下し、脳全体、体全体がバランスよく活動しています。

脳の前頭前皮質の役割は、思考に欠かせない認知などで実行機能を司《つかさど》るとされています。ということは、何をしているにしても、作業が順調に捗《はかど》りだすと、脳の最高中枢部が小休憩に入り、心身の活動への快適感が増すということなのです。

科学者はその状態をフロー体験と呼んでいます。つまり、「調子に乗る」ということで、「ゾーンに入った」という言い方もされます。自動車の運転にたとえれば、交通量の少ない高速道路で、自動操縦に切り替えてラクラク快調に車を走らせるようなものかもしれません。

研究者によれば、次の7つの条件が満たされるとフロー体験が起こりやすくなるということです。

(1) それを実践するのに必要な基礎知識や基本的な技能をもち、自分にできることが分かっている活動をしている。
(2) その活動に完全にのめり込み、意識を集中している。
(3) 至福や絶頂感が感じられるような活動をしている。
(4) やるべきことややり方が分かっているので、逐一判断したり、迷ったりせずに活動できている。
(5) 心配や不安もなく、自意識もなく活動している。
(6) いま、この瞬間に意識が集中しているために、時間の経過の感覚がなくなっている。時の流れがスローモーションになり、すべきことがすべて見え、自信をもって実行できている。

(7)その流れに乗り続けること自体がご褒美となり、続けることへの動機となっている。自意識も自分がその活動をしている主体だという感覚もなくなり、脳の実行機能に頼らず、努力せずにその活動を継続している。

こうした条件が重なって起きたフロー体験中には、ふだんの暮らしの中では常に問題解決を考えている管理者たる内なる自我が小休憩に入ることにより、自意識がなくなります。自分中心の意識がなくなれば、自分のからだのすべての部分が関わりあい、世界、宇宙全体が関わりあいながら流れていることに気づきます。

世界は大きな海原で、自分はその一部である波のようなもの。それを頭だけで理解するのではなく、からだ全体で感じ取ることができるのです。

そのような状態にある人の意識のなかではノンデュアリティ（不二、非二元性）への気づきが起きている、とケリーはみています。

緊張を解けばフローしやすくなる

フロー体験は先に説明したような条件が重なると自然に起こるもので、故意に意識を変容させることは困難ですが、フロー体験が起こりやすくなるように意識を向けていくことはできます。フロー状態になっている時の脳の状態は解明されており、また、どんな行動や思考、感情が脳の部位にどんな影響を与えるかも分かっているからです。

前述のように、現時点での脳神経学では「人は太古からの進化の過程で脳に新たな機能を付加してきた」と考えられています。最初に発達したのは外界の状況を察知し、記憶をもとに安全を確保する機能です。現代人の脳では、その機能は後帯状皮質が担っています。その部位が主導権をもっていると、サバイバルのために危険を察知することに終始することになるのです。

次に発達したのは、単なる生存本能よりは理論的で社会性をもつとはいえ、主に感情で物事を判断する機能です。それは現代人の脳では中央部に当たり、哺乳類に共通する

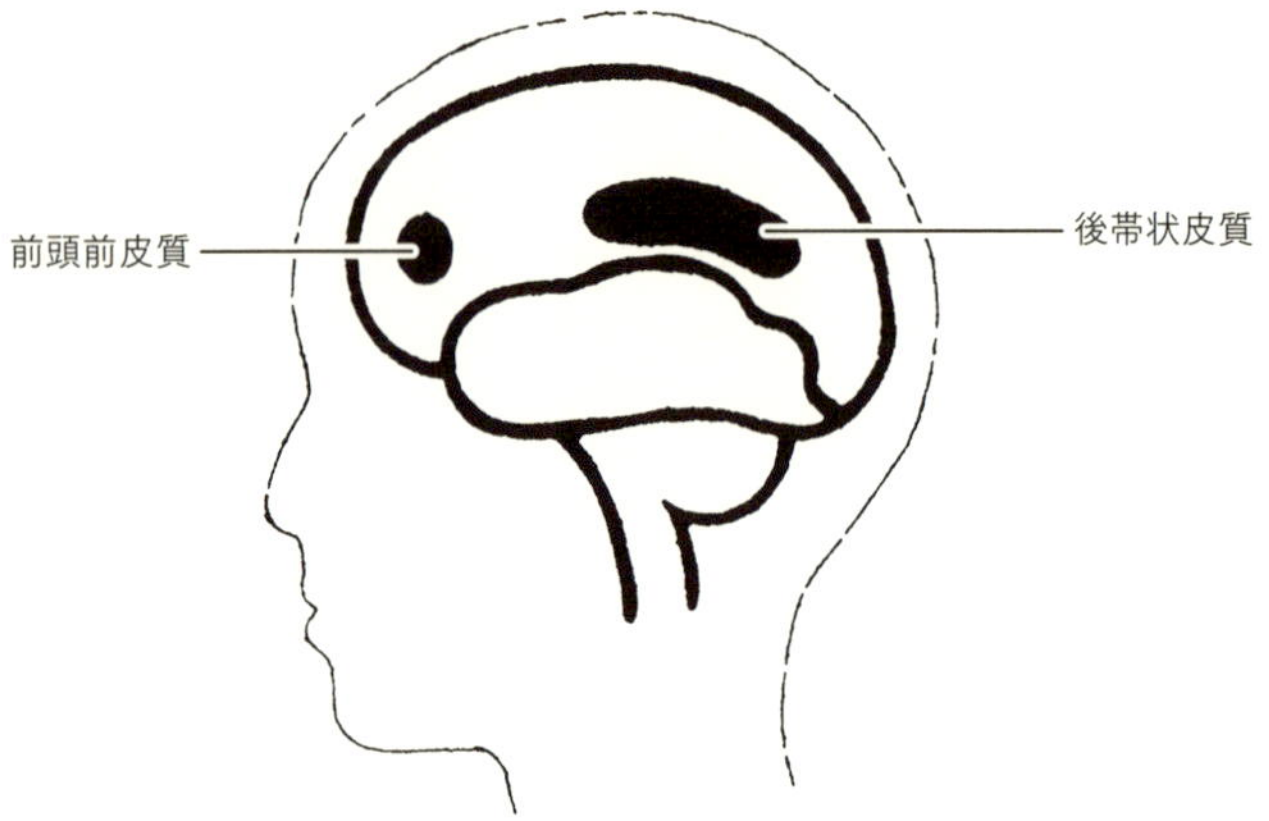

（略図であり、脳の部位の正確な構造や形状を示すものではありません）

脳の部位です。最後に発達したのが物事を分析して合理的に判断するという機能で、それは人類ならではの機能で、前頭葉の前頭前皮質が担っています。

そうした脳の発達の結果、人は生存本能のみで生きることがなくなり、常に感情に流されることなく、理性的に社会的に行動できるようになり、文明も築けました。

しかし、前頭前皮質が発達したことにより、新たな問題も生じました。前頭前皮質の働きが活発になりすぎて自己中心的な専制君主のように振る舞い始め、自己満足、自己防衛を優先させるようになったのです。それが、ストレスを生じさせ、ストレス反応の悪循環を引き起こす原因になるのです。

一方では、人が集中力を発揮して何かに熱中し、意識的に努力しなくても作業が進んでいる時には、脳の後帯状皮質の活動が抑制されていることも、リアルタイムの脳波バイオフィードバックを利用したイェール大学医学部の研究で解明されています。

つまり、フロー状態に入るには、後帯状皮質と前頭前皮質の活動が共に落ち着き、リラックスした状態であることが必要なのです。言い換えれば、「危険はないか？」と不安になりがちな人や、常に論理的な問題解決に終始しがちな人は、緊張がとけず、フロー状態の流れに乗ることは難しくなるということです。

フロー体験に向けた脳トレ

前記のような知識をもとにして、逆に意図的に脳をフロー状態にすることも可能であることが分かってきました。そのためにまず必要なのは、脳を前述の安全圏、グリーン・ゾーンに導くことです。それは、慣れてしまえば簡単なことで、自分の気分が良くなるようなことを意図的に考えればいいのです。

スポーツの試合の前に、選手全員が集まり、掛け声をかけて励ましあい、やる気を出すのもそのためです。緊張や不安に自縛されがちな試合開始の直前だからこそ、すばやく脳をリセットし、選手が絶好調でフロー状態に入りやすくしているのです。

そう言われても、何が自分の気分を良くしてくれるのか分からないという人は、次のようなリストを作り、普段から読み返しておくといいでしょう。

《フローを導く快感体験のリスト》

・自分が何かに成功して、嬉しかった体験

（例）初めて補助車輪をはずして自転車に乗れた時の爽快感、大学入試で合格を知った瞬間、スフレがふんわり焼けた時の喜び、など

・他人から褒められた体験

（例）小さな頃転んでも泣かなかったら強い子だと褒められた、オフィスで報告書が良く書けていると上司から褒められた、そのセーターが良く似合うと褒められた、など

・自画自賛できることのリスト

（例）お肌がすべすべ、床がきれいに磨ける、絶対に遅刻しない、など

・得意なことのリスト

（例）編み物が上手、釣り上手、冗談を言うのが上手、など

・好きな食べ物や場所、自分を力づけてくれることのリスト

（例）チョコレート、ビーチ、温泉、好きな音楽、アルバム、など

つかの間の意識のシフトでフローしやすい脳にする

多忙でストレス過剰になりがちな現代生活のなかで、過剰反応の悪循環に陥ることがなく、フロー体験しやすい脳をつくるためには、ちょっとした時間の合間に、自分の意識をシフトさせるように心がけることが役に立ちます。その方法の一つとして、前述のケリーは次のような意識の瞬間転換法を試してみることをすすめています。どこでもいつでも3分で出来る脳トレです。

たとえば、スーパーのレジの前にできた長蛇の列に並んでいる時や、通勤中の満員電

車の中、または会議やイベントが始まるのを待っている数分間でも実行可能。効果的な「キュー」さえ自分に出せれば、意識をシフトさせるのに長い時間はいりません。一瞬のうちに脳内の活動がリセットされ、フロー体験への準備万端というわけです。

《新たな気づきを導く3分脳トレ》

(1) 自分の頭の扉の鍵を外しているシーンをイメージする
(2) 頭の扉を開け、中にあるすべての考えを捨てる
(3) 空《から》になった頭の外にも広がる空《くう》の世界に意識を広げる
(4) 世界の本質は空《くう》であることに気づく
(5) 自分の心もからだも魂も、その空《くう》の一部を成していることに気づく
(6) 頭を使わず、心でその新たな叡智を知る。
(7) そうした空《くう》の世界の気づきが起こったことに気づく。
(8) 頭ではなく、心の考えに従って生きられることを自覚する

第3章
起業家の脳に学ぶ

起業家の脳の使い方

さて、ビジネスやスポーツで大成功する人々は、フロー状態を活用することに慣れた人々だとみられていますが、成功する企業家と普通の人は、脳の使い方が異なることがこれまでの研究から分かっています。

心理学や社会学的な視点でみれば、起業の成功には創造力だけではなく、成否を見極める判断力が必要だといわれます。タイムリーな判断を下すには、情報に基づく分析だけではなく、直感力や周囲の状況を察する力、また未来への洞察力も重要な要素となることも以前から指摘されてきました。

ｆＭＲＩなどを使って脳内の活動がリアルタイムで観測できるようになった近年は、普通の人と大成功した人の脳の構造や活動を比較する研究も盛んに行なわれています。ビジネスの成功に大きく関わることから、科学者だけでなく経営学の研究者たちまでが、起業家の脳を調べれば成功への秘訣が分かるかもしれないと興味をもつようになったのです。

たとえば、マサチューセッツ工科大学の神経科学部と経営学部の共同研究では、起業家と普通の管理職では、起業の成否を分ける意思決定に際した脳の使い方がどう異なるかを比較しました。

その結果、両者ともに対立する考えを区別する能力といった実行機能の中枢である前頭葉の前側の領域、前頭前皮質の活動が活発になっていました。しかし、より詳細に調べてみると起業家と管理職には違いがあることが分かりました。

普通の管理職の脳で活発になっていたのは、論理的な思考を司ると考えられている左脳の前頭前皮質でしたが、一方、起業家の脳をみると、左脳だけでなく右脳の前頭前皮質の活動も活発になっていました。創造力と感情を司る機能をもつとみられている部位です。つまり、起業家が意思決定する際には、論理的な判断だけでなく創造力や感情も動員していたのです。

起業家にとっては、新たな事業を始める体験は子育てと変わらないことも分かりました。フィンランドのアルト大学の研究者が、２０１７年3月に、「起業家は自分の事業を自分の子どものように愛おしく思っている」とする研究結果を『ヒューマン・ブレイン・マッピング』という学術誌に発表したのです。

その研究はＭＲＩで男性起業家の脳の各部位の活動を観察したものですが、男性起業家に自分が設立した会社やその系列会社の写真を見せた時の脳の反応は、子どもをもつ男性に自分の子どもの写真を見せた時の反応と同じだったのです。脳の部位で活動が活発になったのは報奨を得ることに反応し、感情を処理し、社会を理解する脳の部位でした。日本語では起業にも「産みの苦しみ」といった表現が使われますが、男性起業家は自分の事業には父性本能を発揮しているのです。

起業家は成功を予知できる

起業家は一般人と比べると、新たな問題やチャンスが生じた時に、あまり躊躇せずすばやく反応し、事後にその結果を熟考する傾向が強いともいわれています。つまり、起業に成功する人は自分の直感を信じて、それを重視できる人なのです。

直感は脳だけの活動ではなく、全身が連携して生まれるものであることも、これまでの研究から分かっています。人は感情的に前向きだと、創造力、柔軟性、統合力、情報受容度が高まり、直感も的確になります。その結果、問題を解決する能力が充分に発揮できるのです。

起業家の脳を研究してきた科学者たちは、起業家を成功に導く直感は既存の情報や記憶だけに基づいたものではないとみています。起業家には特定の時間や空間に留まらない非局在性の情報を収集する能力があり、それは「未来を見通す予知能力ともいえるのではないか」と推察しているのです。

起業家と一般の人の予知能力を比較した実験の結果も発表されています。新商品の開発や新たな事業の起業で何度も成功してきた起業家は、一般の人より未来を予知する能力が高いことが分かったのです。

起業家はギャンブルにも強いことを証明したのは、米国のハートマス研究所とオーストラリア起業ビジネス大学院の共同研究です。起業家とそうでない人にルーレットに参加させると、振ったダイスがルーレットと一致する確率は起業家の方が高かったのです。

とくに研究者を驚かせたのは、起業家にはルーレットの結果が予知できるということでした。現実に、勝ち負けの結果が出る前に彼らの体が反応していたのです。結果が出る6～7秒前に、起業家の自律神経がすでに反応していることが観察されたのです。

さらに調べてみると、起業家に限らず、人には出来事が実際に起きる5秒ほど前にその出来事を予知して生理反応を起こす能力があることが分かりました。つまり、人のからだには潜在能力として予知能力が備わっているのです。しかも、最初に反応するのは頭ではなく心臓で、脳が認知する1・5秒前に未来を予知して反応しているのです。

起業家は情報を異次元から得ている

「起業家が発揮する予知能力のメカニズムは科学的に説明できる」とするのは脳のパフォーマンス向上を専門に研究してきた、米国のハートマス研究所のレイモンド・ブラッドリー博士です。宇宙物理学で提唱されているホログラフィック宇宙論に基づけば、未来の予知は人にとって可能なはずだというのです。

ホログラフィック宇宙論では、物質を成さないほど微小な量子のレベルで宇宙の生成をみれば、宇宙はひとつのビッグバンから広がったひとつのホログラムのようなものだと考えます。

その理論によれば、私たちが現実の世界だと考えている3次元の空間は、ホログラムをひとつの側面から見た時の見え方に過ぎません。ホログラムを形成している宇宙は、時空にとらわれることなく、過去・現在・未来というすべての時間帯とすべての空間が、波動として共存していることになります。

起業家の予知能力をその理論に当てはめて考えてみると、起業家が事業への情熱、愛おしい思いを込めて、自分が成功する未来に注目すると、その感情や思考から生まれた波動が、量子のレベルでホログラムの一部として記録されている未来に届き、共振します。その波動が起業家のもとに戻ってくると、起業家は「これは成功する」と直感として悟るのです。

ブラッドリー博士によれば、起業家の情熱が人の暮らしをより便利にしたい、医学の先進に役立ちたいなどといった利他的な意図に基づいたものだと、その意識エネルギーの波動は、他人の意識や社会（集団意識）とシンクロしやすく、引き寄せの法則が働きやすくなります。それが起業を成功させる秘訣になるのです。

第4章 心が頭を良くする

心臓の意外な役割

前述のハートマス研究所は、頭をよく働かせるには心の働きかけが大切であることを明らかにして、注目を集めました。心と頭がどう関わりあっているのかは、いま最もホットな研究領域になっているのです。

日本語には心臓という内臓を示す言葉とは別に、「心」という単語があります。英語にも日本語の心を意味する抽象的な概念はありますが、言語上は心臓も心も同じく、ハートと呼ばれています。

さて、「あなたの心はどこにありますか？」と問われたら、あなたはどこを指差しますか？　おそらく世界中の人が、直感的には胸の辺りを指差すものの、「待てよ……心は結局は脳の産物だから頭を指差すべきか」と迷うのではないでしょうか。

目に見える解剖学で人の成り立ちを判断してきた近代医学では、ハート、日本語で言うところの「心」は心臓のことではなく、頭の中で脳が生み出す感情や気持ちのことだと解釈されていました。心臓の役割は血液を送り出すポンプに過ぎず、人の心理や感情には関係していないと考えられてきました。

しかし近年、計測機器が発達したことで、心臓は目には見えない次元で人の心身をコントロールし、人と人、人と環境の関係にも影響する重要な役割を果たしていることが解明されてきたのです。

心理学者の胸に響いた「善意の波動」

ポール・エクマン博士は、顔の表情の微妙な変化から人の感情の動きを読み取る研究で世界的に有名になった米国の心理学者です。彼は自分自身が体感した不思議な体験を語っています。

エクマン博士が科学者のチベットツアーに参加した時のことです。彼自身はそれまではチベット仏教やダライ・ラマ法王には全く関心がありませんでした。しかし、高校生の娘がチベット問題に関心を寄せていたので、家族も同行できる科学者のツアーに参加すれば娘をダライ・ラマ法王に会わせられると考え、娘を喜ばせたい一心でツアーに参加したのです。

米国の西海岸でダライ・ラマ法王がスター扱いされていることには、むしろシニカルな視線を寄せていたエクマン博士ですが、初めてダライ・ラマ法王に接見した瞬間に、超常現象が起こりました。強烈な波動のセンセーションを胸で体感したのだそうです。それは言葉では表現しにくいものの、あえて言えば「善意」、「心の温かさ」のようなものだったそうです。それ自体がエクマン博士にとっては衝撃的な一瞬の体験でしたが、より不思議だったのは、それを機に自分に大きな変化が起きたことでした。

エクマン博士は心理学者ながら、長年、自分が時として怒りの衝動を抑えられなくなること、いわゆる癇癪《かんしゃく》持ちであることに悩んでいました。ところが、ダライ・ラマ法王に会って以降、怒りの衝動に悩まされることがなくなったのです。

新たなセラピーを受けたわけでも、ライフスタイルを変えたわけでも、人間関係が変わったわけでもなかったので、エクマン博士は自分に起きた変化はダライ・ラマ法王が発した善意の波動による癒し効果だ、と確信したのです。

既存の心理学では説明がつかないそういった現象に大きな関心をもったことで、エクマン博士の科学者としての方向性も変わりました。そして、研究を始めてみると、ダライ・ラマ法王に限らず慈愛心に満ちた人には、その場にいるだけで周囲の人の心を安らかにする効果があることが分かりました。

近年になって、心と頭、ハートと脳の関係に着目した研究が盛んになり、このエクマン博士の体験が単なる思い込みではなかったことが確認されています。彼が、胸で体感したというセンセーションには確かな科学的根拠があったのです。

ハートの磁力は脳の100倍！

目には見えない心臓の機能を調べ出した研究者をまず驚かせたのは、ハートがもつエネルギーのパワーでした。ちなみに、ここで言うハートとは臓器の心臓だけを示すのではなく、人の身体をエネルギー体としてみた時のハートで、心臓周辺の胸部を含みます。ヨガではハートのチャクラ、道家気功では中丹田と呼ばれてきた胸部です。

ハートが電気信号を出すことは以前から知られており、心電図が示す波形は心臓の健康度の検査に利用されてきましたが、最近にな

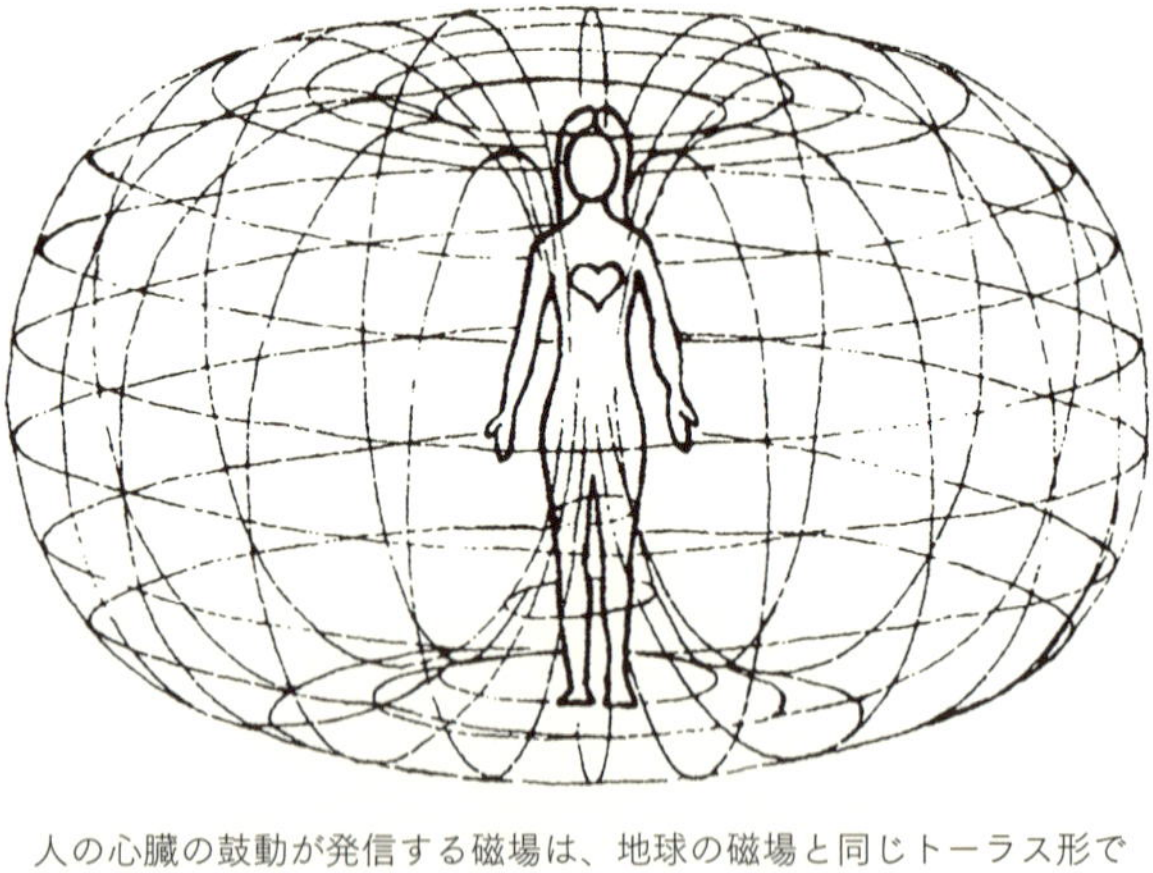

人の心臓の鼓動が発信する磁場は、地球の磁場と同じトーラス形で周囲約１メートルに広がっている

ってハートが人体で最も強力な電磁波の発信源であることの意味に科学者が新たに注目し始めたのです。

ハートが発信する電波は脳波計で計測できる脳波の波幅の60倍もあります。また磁波計で測ってみると、ハートが発信する磁波の強さは、なんと脳の100倍です。体内のハートから発信される磁波は皮膚を越えて体外約1メートルに広がっているのです。

ということは、ハートは携帯電話よりも強力な電磁波体だといえます。興味深いことに、ハートが発信する磁場は地球の磁場と同様に、トーラスと呼ばれるドーナツのような形に広がっていることも確認されています。

ハートの鼓動は身体活動の音頭取り

「コヒーレンス」という言葉が日本でも使われるようになっています。辞書によれば、「波動が互いに干渉できる性質を示す」とありますが、波動が衝突せずに調和できる協調性と捉えてもいいでしょう。

これをハートが送り出す電磁波の波動に当てはめたのが、ハートのコヒーレンスという言葉で、日本語では「心拍変動性」と訳されています。

ふだん私たちは、健康な心臓は規則正しく鼓動していると思い込みがちです。けれども、実際には人の心臓の鼓動のリズム、言い換えれば鼓動と鼓動の間隔は一定ではなく、通常、その間隔は短くなったり長くなったり変化しつづけています。

その間隔の波動の規則正しさの度合いが、ハートのコヒーレンスです。その波動が、快晴で風もない日の海の波のように穏やかで規則正しければ、ハートのコヒーレンスの度合いが高いということです。

人の心拍変動を計測して波動のグラフで示してみると、人が愛情、感謝、思いやりといったポジティブな感情を抱いている時には、コヒーレンスの度合いは高く、心拍変動の波は同様の波形で、波の間隔も規則正しくなっています。一方、人が怒りや不満、不安、いらだちなどを感じている時には、波動はギザギザに尖《とが》り、規則性のない波形になっています。

人がリラックスしている時には心拍数は低下することが分かっていますが、だからといってハートのコヒーレンスが高まるとは限らないことも、両者の心拍変動の波形の違

ハートのリズムのパターン

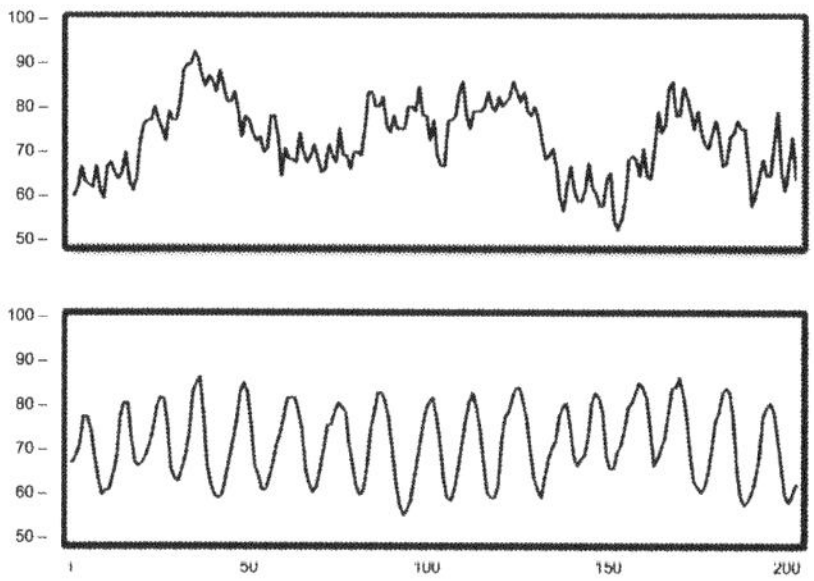

上：不満や不安、心配、いらだちを感じている時には心臓の鼓動のリズムは不規則になる。
下：愛情、思いやり、感謝など良い気持ちでいる時には心臓の鼓動のリズムは規則的になる。

（情報源：ハートマス研究所）

いから見てとれます。

一般的には、人のハートのコヒーレンスの度合いは子どもの頃には高く、年齢と共に低下します。しかし、虐待などを受けると幼少期からハートのコヒーレンス度は低くなり、後に病気になったり若死にする率が高くなることも分かりました。

ハートのコヒーレンス度の低下は自律神経の働きの低下の反映とみられ、炎症、心臓病、糖尿病、高血圧や肥満、メタボリック症候群との関連も指摘されています。

一方、ハートのコヒーレンス度が高いと、そのリズムに呼吸や血圧のリズムも同調し始め、エネルギー的にも無駄なく身体器官が連携して働けます。

演奏開始直前のウォームアップとして、それぞれの演奏者が音量もさまざまに不協和音を響かせていたオーケストラが、指揮者が登場して指揮棒を振り出した途端に美しいシンフォニーを奏でだすようなものかもしれません。つまり、ハートは人の身体活動の音頭取りをしているのです。

ハートと脳の親密な関係

ハートのコヒーレンスが脳に及ぼす影響も解明されています。人間の身体機能の司令塔は頭の中だけにあるとした近代医学の概念は大きな誤りであったことが、過去30年ほどの研究から明らかになっています。

つい近年まで単なる消化器官とされていた腸が、実は第二の脳と呼ばれるにふさわしい働きもしていることは、今では西欧医学でも常識とみられるようになりました。

脳と心臓の関係も同様で、以前は脳から送り出される司令が一方的に心臓の活動に影響を与えると考えられていましたが、そう単純な主従関係ではないことが科学的に解明されています。

実際には、脳と心臓の間の情報伝達は双方向で、次の４つの方法で脳と随時、コミュニケーションを取り合っています。

(1) 神経網を通じた神経情報伝達
(2) ホルモンを通じた生化学的な情報伝達
(3) パルスの波動を通じた生物物理学的な情報伝達
(4) 電磁波による微細エネルギー的な情報伝達

ハートと脳の間の情報交換が、交感神経と副交感神経を通じて行なわれていることは以前から分かっていましたが、近年にはさらに新たな発見がありました。

副交感神経の一つである迷走神経と脊髄を通じて、心臓が大量の情報を電磁波の波動として脳に送っており、その情報量は脳が心臓に送る情報量を上回ることが確認されたのです。

つまり、その波動の質、言い換えればハートのコヒーレンスの変化も直接、脳に響い

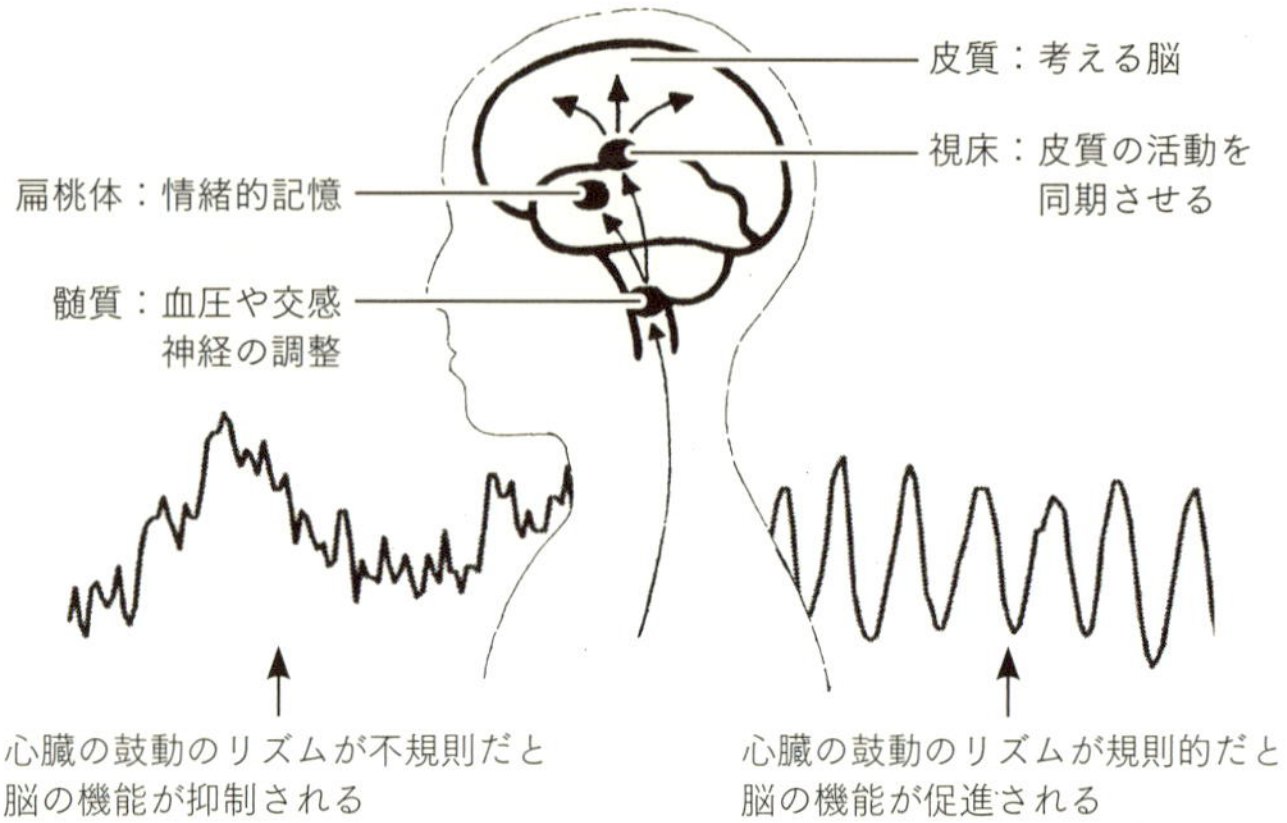

（情報源：ハートマス研究所）

ていることになります。心臓から脳に送られる電磁波の信号情報は、脳の中ではまず血圧や自律神経に関わる感情的な記憶を保管する扁桃《へんとう》体、皮質の活動を同調させる役割をもつ視床を経て、思考を司る大脳皮質に届きます。

　ハートのコヒーレンスの度合いが高ければ、人をリラックスさせる副交感神経の働きが高まり、自律神経のバランスがとれ、戦略的思考力が高くなり、反応時間が早まり、自制心も高まります。脳の各部位の波動も同調すれば、脳全体が協調して働き始めるので、記憶力、学習能力、集中力、意思決定力といった機能も強化されるのです。

　記憶力に関しては、長期記憶が40%、短期記憶が24%改善されるという臨床研究も発表されています。心臓には短期中期記憶機能もあり、独自に学習、記憶、機能上の決定を下せることも判明し、心臓自体が「小さな脳」と呼ばれるようになったのです。

また、ハートからの情報は感情のコントロールを司る脳の部位である大脳辺縁系にも影響を与えます。ハートのコヒーレンスの度合いが高ければ、何かいやな出来事が起きた時にも、自分の感情に振り回されずに落ち着いて対処できるようになるのです。

ハートのコヒーレンスは愛と癒しを導く

心臓は電磁波体としての通信部であるだけではなく、ホルモンを分泌する内分泌系としての役割も果たしていることも最近になって発見されました。

心臓は体液と電解質のバランスを保ち、血管、腎臓、アドレナリン腺や脳の実行機能を調整し、ストレスホルモンや免疫にも関係していたのです。

さらには、脳でしか分泌されない神経伝達物質と考えられていたカテコールアミン（ノルエピネフリン、エピネフリン、ドーパミン）や、認知や愛、寛容、友情、絆といった感情に関わることから幸福ホルモンとも呼ばれるオキシトシンも、心臓から分泌されていることが確認されたのです。

感謝の心、思いやり、慈愛、愛情などを感じ、ハートのリズムのコヒーレンスの度合いが高まれば、自律神経、分泌系、免疫系の働きも調和がとれ、ストレス反応を引き起こすホルモンの過剰分泌は抑制できます。

一方、そうした状態では、身体を外敵から守ってくれる免疫力を高めるホルモンのDHEAや幸福感をもたらすオキシトシンの分泌も活発になるのです。

規則正しく穏やかな心臓の鼓動からの波動は呼吸のリズム、低周波数の脳波のリズム、脊髄のリズム、皮膚の伝導性にも影響し、ストレスへの耐性を高め、感情を安定させ、脳をより明晰にできるのです。

こうしたことからハートのコヒーレンスの健康増進効果に注目し、ハートのコヒーレンスの度合いを高める訓練を患者の治療の一環とする病院や、社員教育に組み込んで医療コストを削減しようとする企業や組織も世界的に増えています。

たとえば、ヒューレット・パッカード社では高血圧の社員の血圧が20％低下したとし、サウジアラビアの病院でも高血圧の患者の血圧が低下したとしています。ライフスキャン社では糖尿病患者のクオリティ・オブ・ライフ指数が30％上昇したとしています。ロバート・ウッド・ジョンソン大学病院（米国ニュージャージー州）では喘息の患者の半数に発作の頻度や深刻度、治療薬の消費量の低下といった効果がみられたとしています。病院も経営する健康保険会社のカイザー・パーマネンテ社では心臓不整脈の患者の75％で心房細動の発作率が減り、20％では処方薬の必要がまったくなくなったとしています。英国の臨床研究ではＡＤＨＤ（注意欠如多動性障害）の症状、睡眠、短期・長期記憶が改善されています。また、米国では帰還兵が患う認知機能、集中力、学習力、自制心の低下といったＰＴＳＤ（心的外傷後ストレス障害）の症状や、痛み、感情的ストレスも軽減されたとしているのです。

波動でつながる心と心

磁波は物質の壁を越えて伝わるので、心臓の鼓動から生まれる磁波の波動も本人の体内だけでなく周囲の人にも伝わります。ハートのコヒーレンス度は人によって、時によってさまざまですが、ハートのコヒーレンス度が高い人の波動がハートのコヒーレンス度の低い人に伝わると、その人のハートのコヒーレンス度も高まるのです。

科学者はハートから発信される磁波は、情報を運ぶ媒体としての役割を果たしているとも考えています。つまり、ハートは人の胸に埋め込まれた携帯電話のようなものなのです。携帯電話で音声や映像を電磁波として受信し、情報交換しているように、人のハートとハートの間でも波動による情報の送受信でコミュニケーションが行なわれているのです。

人のハートが送受信するすべての情報の内容は解明されていませんが、前述のように、人が心に抱いている感情が変わるとハートのコヒーレンス度が変わることは観察の結果から明らかです。

人が怒りや不満、いらだちを感じている時には、その人のハートから発信する波動は規則性を失い、乱れます。人が愛情や思いやり、感謝の気持ちを感じている時には、その人のハートから発信される波動は穏やかで規則的できれいな波形を描くのです。私たちは相手から発信された波動のパターンから、頭で認知する前に心で相手の気持ちを察することができるようになっているのです。

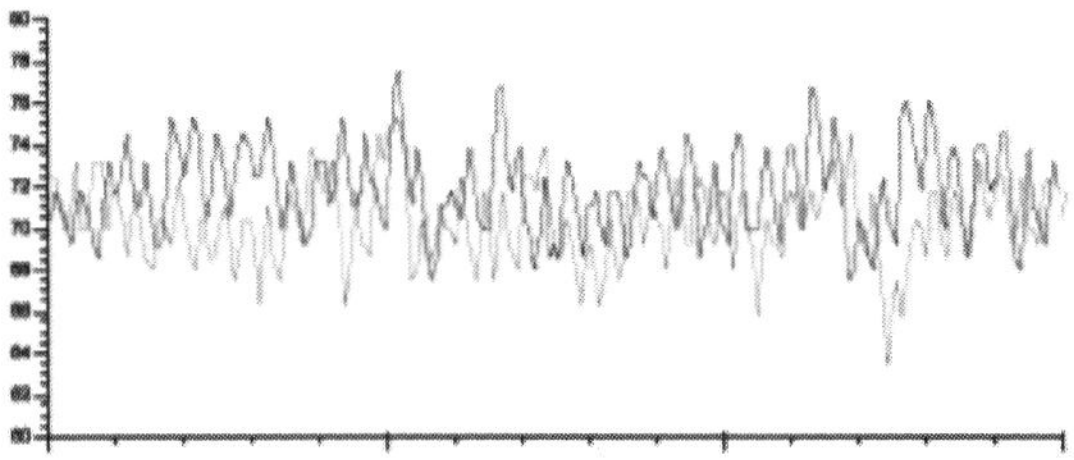

仲が良い夫婦の睡眠中の心臓の鼓動のリズムは、
眠っているうちに同調し始める

（情報源：ハートマス研究所）

さらに、研究者によれば人の神経網を通じて他人のハートから発信された情報も検知しており、その情報は脳にも伝えられているのです。

ということは、言葉には出さず心に秘めていたつもりの気持ちも、しっかり外界に情報漏えいしてしまっていることになります。

仲の良い家族や友だち、仕事仲間の間ではハートの鼓動のリズムが同調しやすいことも分かっています。仲の良い夫婦は眠っている間にも心の「波長」を合わせているのです。

心と心のつながり、というのが単なる比喩でないことが科学的に証明されたわけで、私たちは、自分のハートが発信するそうした波動のパターンの変化により、常に周囲の人々

少年と飼い犬の心臓の鼓動のリズムの変化

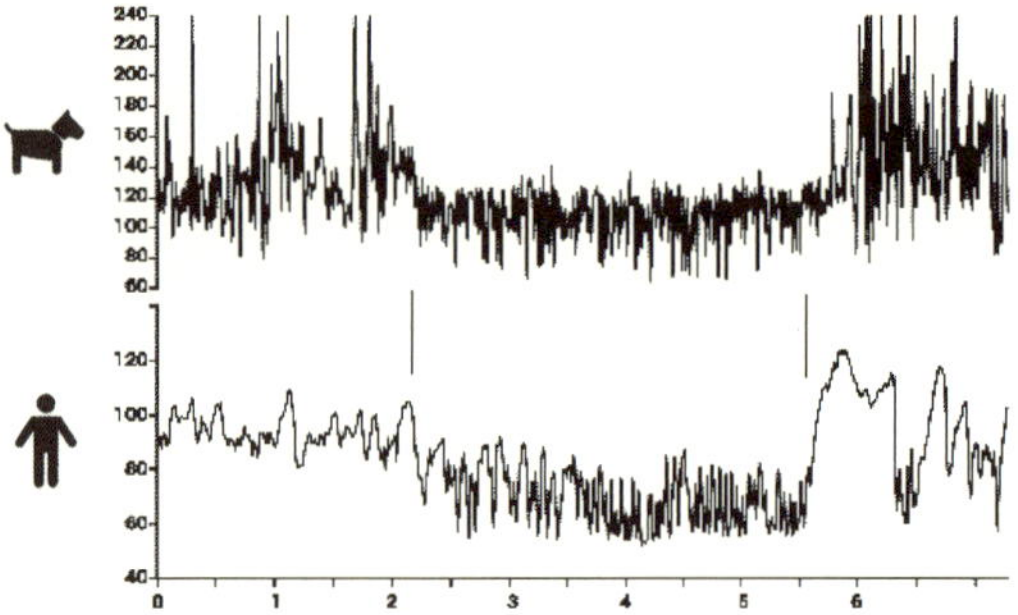

少年と犬が
別室にいた時

少年が
犬のいる
部屋にいた時

少年が
犬のいる
部屋から出た後

（情報源：ハートマス研究所）

にも影響を与えていることを認識する必要があるのです。

ハートとハートのコミュニケーションは人間の専売特許ではなく、人と動物の間でも行なわれています。

ハートのコヒーレンスを高める訓練を受けた少年と飼い犬を研究室で触れ合わないように距離を置いて座らせ、心拍変動の変化を比較観察した実験があります。その結果、少年と飼い犬のハートのコヒーレンスのパターンはみごとに同調し、慣れない環境で落ち着きがなかった犬は、少年のハートからの波動で落ち着きを取り戻していたのです。

組織や地域社会も変えるハートのパワー

個人のハートのコヒーレンスは家族や、仲間、その人が属する組織や地域社会にも影響しています。ハートのコヒーレンス度が高い人がいれば、その周囲の人々のハートのコヒーレンスの度合いも高まり、連鎖反応が起こります。その結果、人間関係やコミュニケーションが改善され、活動の効率やフローも良くなるのです。

そうしたことから、社会の調和度を示すソーシャル・コヒーレンスの重要性も提唱されるようになっています。ソーシャル・コヒーレンスは次のような効果をもたらします。

- チームのエネルギーが高まり、チームワークが良くなる
- コミュニケーションが円滑になる
- 会議の時間が短縮できる
- 失敗や間違いが少なくなる

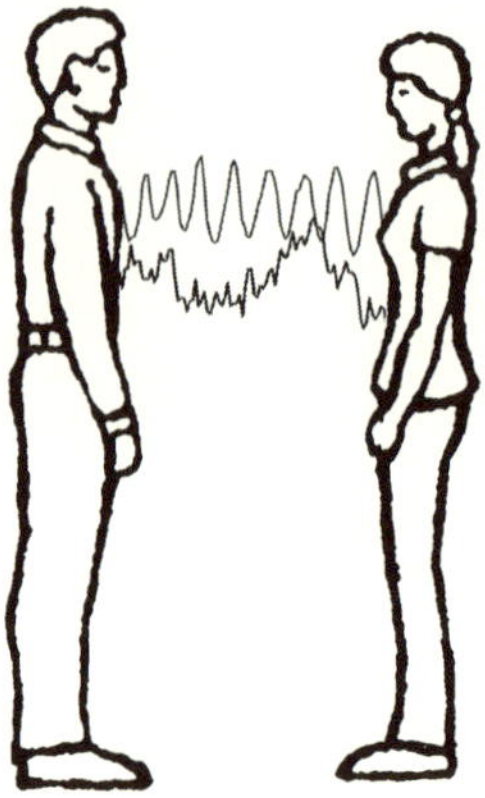

人は常に、周囲の他人の心臓が発信する磁波の波動の影響を受けている

・困難な課題に際しての、創造力と問題解決力が高まる
・それまでとは異なる視点から物事をみられるようになる
・集団としての直感が働くようになる
・意思決定がより早く的確にできるようになる
・目的意識とその達成に向けた加速力が高まる
・調和のとれた組織の一員としての満足感が高まる

とくに注目されているのは、仕事の性質上、日常的なストレスや消耗が激しい病院で医師や看護師のソーシャル・コヒーレンスを高め

た時に、個人に還元される効果です。複数の研究の結果の統計によれば、ストレス、消耗度、不安、ウツ、痛癪、怒りなどは激減する一方で、前向きな態度、感謝の気持ち、やる気、心の落ち着きなどが改善されていました。

現代の西欧医学では、心臓は脳に血液を送り込むポンプに過ぎないと考えられてきましたが、実際には、ハートは人の心身の調和を守り、人と人、人と社会をつなぐ「中心」的な役割を果たしているのです。

人は地球の波動に同調している

人は、地球上の遠く離れた場所にいる人ともハートのリズムを同調させられることも分かっています。

この事実は、地球が生み出す電磁波の波動がその土地にいる人のハートのリズムや脳波に、どんな影響を与えるかを調べることを目的として行なわれた米国のハートマス研究所の実験中に発見されたもので、世界中の科学者を驚愕させました。

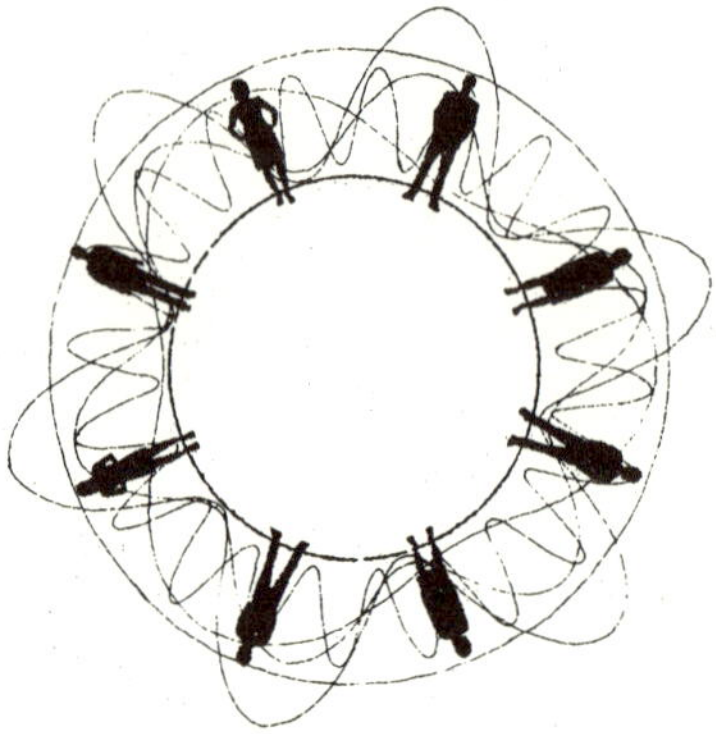
世界中の人が、地球の波動である
シューマン・レゾナンスを通じてつながっている

（情報源：ハートマス研究所）

実験結果を分析してみると、さらに興味深い事実が明らかになりました。人のハートや脳から検出される電磁波の波動は、地球の電磁波の波動と同調していたのです。

地球の波動、とくに地球表面とイオン層の間で検知される電磁波の波動であるシューマン・レゾナンスに関してはネットでさまざまなデマが飛び交っていますが、ハートマス研究所の研究者によれば、現実にはシューマン・レゾナンスは一定のひとつの波動ではありません。最低の周波数が約7・83ヘルツ前後で、その他にも地球は常に約14ヘルツ、26ヘルツ、33ヘルツ、39ヘルツ、45ヘルツの周波数の波動を生み出しているのです。

注目すべきは、そうした周波数は人の脳が

生み出す脳波の周波数の帯域、アルファー波（8〜14ヘルツ）、ベータ波（14〜40ヘルツ）、ガンマ波（40ヘルツ以上）とみごとに重なっていることです。つまり、波動という視点からみれば人類は地球とつながっていることに疑いはないのです。

人の生体リズムが宇宙からの波動にも常に影響されていることも分かっています。統計を見ると、地磁気嵐や太陽の活動が増加している時には、心臓発作やその他の循環器疾患による死亡率や入院率が高まり、ウツ病その他の精神疾患、自殺、殺人事件、交通事故の増加など、人の心身の健康にも悪影響が出ているのです。

太陽の活動が人に与える影響については、ロシアの科学者が1750年から1920年までの人類の歴史上の出来事と太陽の活動のサイクルの相関関係を調べた結果を発表しています。その研究によれば、戦争、重要な科学的発見など人類の歴史上重大な意味をもつ出来事の発生数が多い年は、太陽の活動が活発で、グラフにするとその波形はみごとに一致しています（次ページ図）。

近年のハートマス研究所の実験でも、ほとんどの人のハートのリズムは地球の波動や太陽の活動など宇宙の影響を受けていることが計測されています。ただし、興味深いことに反応には3種類あり、大半の人は環境からの電磁波の波動が穏やかな時には心身の

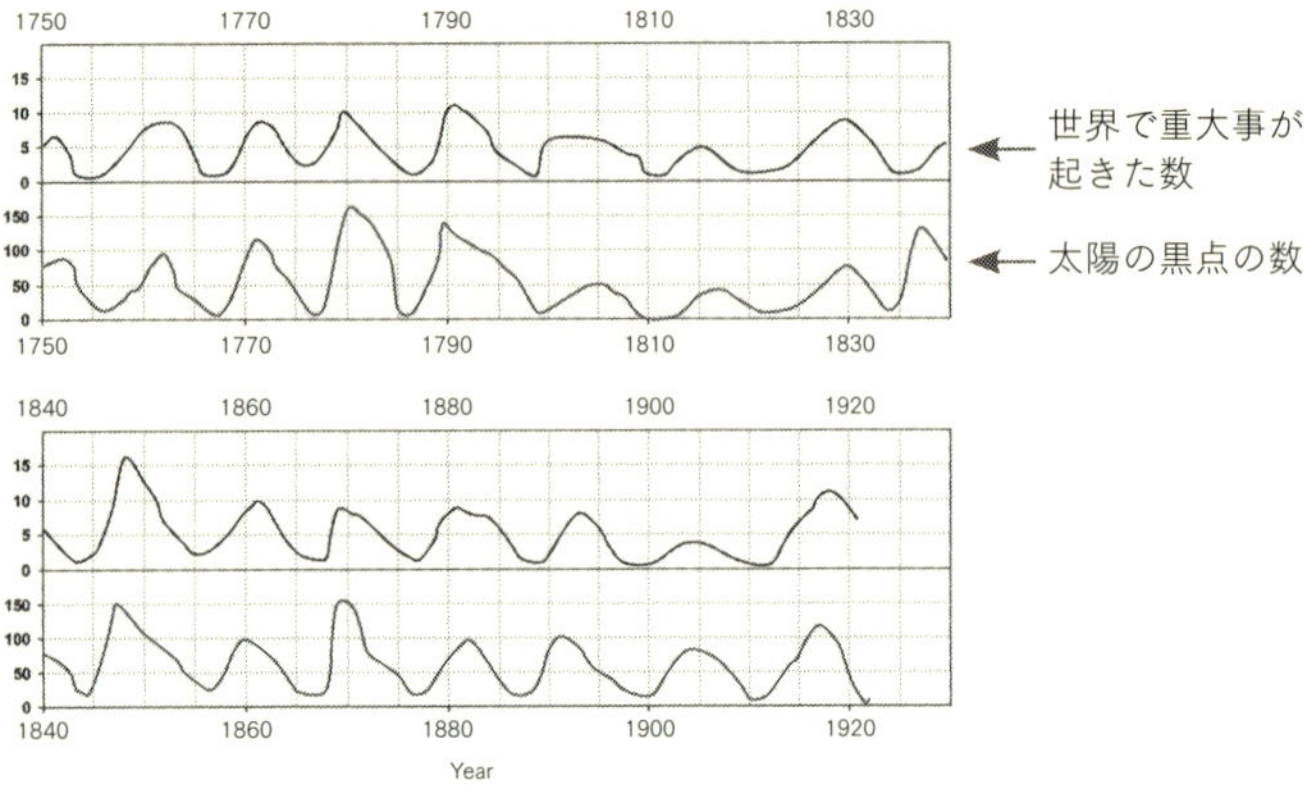

歴史を振り返ると、太陽の活動が活発な時期には人類の活動も活発になっている

（情報源：ハートマス研究所）

調子も良く、乱れた時に不調になりますが、なかには影響を受けない人や、反対の反応を起こす人たちもいるのです。そうした違いが何を示すのかはまだ解明されていませんが、人は地球や宇宙の波動の影響を常に受けており、遠く離れていても地球上にいる生き物はすべて関わりあっていることは、もはや疑いのない事実。単なるスピリチュアルな概念だともみられてきた「ワンネス」の科学性が認められたことにもなります。

ハートに働きかけることが能力開発になる

そうした研究結果に基づきハートマス研究所が提唱し始めた、ハートに働きかける脳トレの効果が注目を集めています。

いわばハートも考慮したマインドフルネスのトレーニングです。ストレスを軽減、感情を安定させることにより、脳が最高のパフォーマンスを発揮できるグリーン・ゾーンをつくり、それを持続させることを目的としています。

米国では脳パワー重視のハイテク企業や米軍、健康保険会社などでウエルネスプログラムにも導入され、前述のように実際の健康効果も報告されています。

ハートに働きかける脳トレは練習するほど効果が出て、ふだんの状態のベースラインも高くなります。

ハートのコヒーレンスの度合いが高まり、その波動が脳に伝わりだすとハートと脳に協調関係が生まれ、脳の各部位の間のコヒーレンスの度合いも高まるので、脳のパフォーマンスは最高潮になります。すると、さらに脳内のコヒーレンスを達成しやすいように脳神経網がアップグレードされるのです。

ハートや脳のコヒーレンスの度合いをすばやく高めて、かつ維持できるようになれば、最も困難な立場に置かれた時にもあわてず、感情のバランスを取り戻しやすい人になれます。そうなればフロー体験もしやすくなり、宇宙からの叡智にもアクセスしやすくなるのです。

心拍変動を計測し波形で既視化したり、サウンドで知らせるバイオフィードバック装置を使えば、自分のハートのコヒーレンスの度合いをモニターしながら本格的に脳トレできます。次に紹介するエクササイズは、すでに効果実証済みとしてハートマス研究所が提唱しているもので、バイオフィードバック装置がなくても実践できます。

《ハート・ロックイン》

頭からハート（胸部）に意識を向けて、よりディープに自分のハートを感じることで、こころもからだも魂もリフレッシュできます。朝起きた時、眠る前、そして他人と会ったり、行動する前にすると効果的です。日課にすることで、ふだんのハートのコヒーレンス度を高めていけます。

（1）考えごとを中断して頭を休め、ハート（胸部）に意識を集中します。

（2）大切な人に自分が抱いている愛情や、愛されていると感じた時の感覚、他人への思いやりや、思いやりをかけられた時の気持ちを思い出します。そうした愛や慈愛、感謝の気持ちで胸をいっぱいにし、その気持を10分から15分間、維持します。

（3）愛と感謝の気持ちで自分が輝きだし、その輝きが周囲に広がるように想像します。

（4）その愛と感謝の気持ちを地域社会に、世界に、宇宙にと、どんどん広げていきます。

《フリーズ・フレーム》

たった1分で、モノの見方を転換させることでストレスを解消するテクニックです。

（1）普通に呼吸しながら、頭から意識をそらし、胸の辺りに注目を向けたまま10秒以上、深呼吸を続けます。

（2）今までの人生のなかで楽しかったこと、嬉しかったことや、その時の気持ちを思い出します。単に思い描くだけでなく、実感で再体験しようとしてみます。

（３）頭で思考するのではなく、自分の心に、「いまの状況をどう変えられるか」、「ストレスを減らすにはどうしたらいいだろう」と問いかけてみます。

（４）心の反応に耳を傾けます。

《カット・スルー》

感情をより上手にコントロールできるようにするためのエクササイズ。長引く感情のもつれやこだわりをカットして、大きく先に進むためのテクニックです。

（１）問題自体や状況ではなく自分の心に注目し、抱えている問題に対して自分がどう感じているかに気づきます。

（２）客観的な立場に立ってみます。それが自分ではなく、他人に起きていることなら、どういう風にアドバイスするか考えてみます。

（３）自分の気持ちの乱れやバランスを欠いた感情のエネルギーが、ハートに集まり、暖かなハートのお風呂の中で消えてなくなるように想像します。

古代から知られていたハートのチャクラの開き方

ハートと脳の関連は、現代の科学者や医師にとっては画期的な新発見ですが、心と頭を同調させることが叡智につながることは古代から認識されていたようです。

インドのヨガや仏教のマントラとしておなじみの「オーム」もハートのチャクラを開き、その波動を広げるマントラとされています。「オーム」はヨガの教典では、内なる知性を呼び覚ますサウンドともされています。

チベット仏教では、ハートのチャクラは奥の深い洞窟のようなもので、瞑想することで、その内部まで深く探求できると考えられています。

ハートのチャクラは外層、内層と秘密の層の三層構造になっていて、ハートの外層は常に環境や人間関係の影響を受け、ふだんの言動がもたらす因果応報の影響も受けています。外界で起こる現象との関係で生まれる思考、希望、喜びや恐れ、また状況の変化で生まれる困惑、怒り、執着、自尊心、嫉妬心といった感情はハートチャクラの内層に溜まります。ハートのチャクラの内部はさまざまな経験によって得た思考、自己イメージ、習慣、感情によって形成された自我意識、気分のすみかとなっているのです。

ハートのチャクラの最も奥には秘密の層があります。その層は思考や認知力といった通常の意識では認知できない微細エネルギーの領域で、より深い瞑想でのみたどりつける、自我のないノンデュアリティの叡智の世界と考えられています。

チベット仏教にはそうした複雑な構造をもつハートのチャクラを浄化し、パワーアップするための修行があります。

《ハートに火を灯す瞑想》

（1）10センチから15センチほどの厚みのある座布団を使い、足や腰に負担がかからないようにして、足を組んで座ります。

（2）背筋を伸ばし、肩を回してから下げ、前かがみにならず、後ろに反り返ることもなく、自然に胸を開きます。

（3）目を閉じて、ハートの洞窟の真ん中に火が灯っているイメージを想像します。

（4）気をそらしたり、考えごとが浮かぶことで「気」の風が生じ、炎を揺らしてしまうことがないように、自然な呼吸を続けてハートの火の炎が安定して揺れるようにします。

（5）そのまま、しばらく瞑想します。

《ハートの洞窟のノンデュアル瞑想》

（1）足や腰に負担がかからないように、足を組んで座ります。

（2）肩を回してから下げ、前かがみにならず、後ろに反り返ることもないように、背筋を伸ばし、自然に胸を開きます。

（3）アゴ、舌、のどをリラックスさせます。

（4）目を閉じて、自分のハートのチャクラの洞窟に意識を向けて、規則正しくゆったりとした呼吸を続けます。

（5）自分のハートの洞窟の入り口に立っている様子をイメージします。喜怒哀楽、さまざまな感情を自分にもたらした過去数日間のできごとや人間関係を振り返ってみます。

（6）自分のハートのチャクラの洞窟の内部に入る様子をイメージします。痛みやコリ、しびれ、熱や冷えなどからだで感じている体感を意識します。体の感覚はいらだちや我慢のなさ、恥の感覚などの反映かもしれないことを認識します。そうした体験や人間関係からの有害な感情が、エネルギーとして自分のハートの内層の微細な生命エネルギー体に残留していないかを確認します。

（7）自分のハートのチャクラの洞窟の一番奥の方まで進む様子をイメージし、背中に近い部分を意識します。

（8）言葉もなく、自我意識もないノンデュアリティの世界がそこにあることをイメージします。思考も感情も判断も何ももち込まず、その膨大なスペースを光で満たします。

第5章
瞑想で脳を進化させる

マインドフルネスの治癒効果

瞑想には人を落ち着かせたり、ストレスを減らしたり、ストレスの尺度でもある呼吸の数や心拍数を下げる効果があることは以前から知られていました。

ボストンのマサチューセッツ大学病院ではすでに１９７９年には、既存の治療ではなかなか回復しない痛みや慢性疾患に苦しむ患者への療法としてグループ瞑想を提供し始めていました。「マインドフルネスによるストレス軽減法」（ＭＢＳＲ）と名付けられたこの療法が確かな効果を発揮したことが、近年のマインドフルネス・ブームを呼ぶ発端となったのです。

MBSRはその後、世界の病院に普及し、とくにガン患者の治療の一環として役立てられるようになっています。今では米国の医大の80％が関連のトレーニングをカリキュラムに取り入れているそうです。

MBSRは実は単なる瞑想ではなく、マインドフルネス瞑想と、自分のからだに注目するボディスキャン、ヨガを組み合わせたものです。マサチューセッツ病院では週1回2時間プラス1日6時間のワークショップという8週間のグループ訓練にしていました。目的は、物事や自分に対して絶え間なく頭の中で行なわれている判断、分析、願望、執着などを捨てて、瞬間瞬間の気づきに注目するように意識をシフトさせることです。そうした訓練で事態や自分を受け入れ、自分を信頼する能力と忍耐力をつけるのです。

マインドフルネス瞑想では、今この瞬間に意識を向けます。そうすることで外界への感覚が研ぎ澄まされ、また自分が外界にどう反応しているかにも気づけるようになるのです。そして、過去への執着や未来への不安などを棚上げすることで、ストレス反応の悪循環も断ち切ることができるとされています。

瞑想といって米国人がまず思い浮かべるのは禅の瞑想で、「宗教だし、何も考えず思わずに、無＝空の境地に居続けることは凡人には難しい」と一般の人には敬遠されがちでした。しかし、マインドフルネス瞑想は、医大で実践されているという信頼性もあり、より気楽に試せて自己治癒や自己管理力の強化などにも役立つことから、一般社会にも普及し、大企業や学校、米議会でもウエルネス法として取り入れられています。

瞑想の科学的研究

大成功した天才起業家の筆頭に挙げられるスティーブ・ジョブズが、瞑想を日課としていたことは周知の事実です。また、怪奇映画の鬼才として名を馳せるデビット・リンチ監督も、意外なことに瞑想の効果の強い信奉者で、毎日の瞑想を創造力の源とし、瞑想をすすめる本まで書いています。

瞑想の効果は痛みの緩和や慢性病の症状の軽減にとどまらず、能力開発にも効果があることは、著名人の証言だけではなく、さまざまな実験でも証明されています。

欧米で瞑想の科学研究が進みだした背景には、チベットの第14世ダライ・ラマ法王の支援があります。宗教家でありながら論理や科学的な思考を尊重する第14世ダライ・ラマ法王は世界の科学者との親交を深め、公開対話も繰り返し、瞑想その他、伝統的な宗教行為を科学的に検証することを科学者に奨励してきました。人の心やこの世の現象についてより深く理解することが、人道主義の先進と世界平和の実現に役立つ、という考えからでした。

科学者が興味をもったのは、瞑想の最中には脳に何か変化が起きるのか、変化が起きるとしたらそれは何を意味するのか、ということでした。

最先端の理論物理学者が唱えだした宇宙論と、お釈迦さまが瞑想で悟ったとされる宇宙観の類似性に注目し、なんの科学的知識ももたなかったお釈迦さまに悟りをもたらした瞑想という行為の正体を知りたいと考え、仏教を勉強しだしたり、自ら瞑想を日課にするようになった科学者も欧米には少なくないのです。

神聖な宗教行為を実験対象にしたいと科学者にリクエストされた法王は、快諾し、長年修行を積んだ高僧も被験者として提供しました。

瞑想が心身に影響を与えることが証明されなければ、チベット仏教の信頼性の権威失墜にもなってしまいますから、宗教家としては勇気のある決断だったといえるでしょう。

ダライ・ラマ法王は実際、「科学研究で宗教行為が無意味だという結果が出たら、どうするのですか？」と科学者に尋ねられたことがあります。その時には、「その場合には宗教行為を見直さなければならない」とお答えになったそうですが、法王にはそれだけ自信がおありだったのかもしれません。

現実には、ダライ・ラマ法王の協力のもとで、多くのチベット僧が欧米の科学者の脳の研究に協力してきたことが、脳科学の先進に大きく貢献しました。

瞑想中には脳の活動が変わるだけではなく、習慣として瞑想を続けていると、脳の組織構造も変化してしまうことに科学者は驚きました。

「頭は遺伝で生まれつき」というのは現代科学の迷信に過ぎなかったわけです。一般の私たちが、そう諦めて何もせずにいた間にも、宗教や精神修行を尊ぶ人々は、せっせと瞑想に励み、自分の脳を進化させていたのです。

瞑想の仕方の違いで脳への効果は異なる

さて、瞑想といっても実際には多種多様です。宗教の違いはもちろんのこと、仏教の瞑想法だけをとってみても、呼吸などに意識を集中して他に何も考えないようにする瞑想法、頭に浮かんできたことを分析する瞑想法、色即是空の境地を目指す瞑想法、神仏のイメージを頭の中に描く瞑想法、真言や念仏を唱えながらの瞑想法などさまざまなタイプややり方の瞑想があります。

トーマス・ジェファーソン大学病院（米国ペンシルベニア州）の脳神経科医で、脳の造影診断の権威のアンドリュー・ニューバーグ博士によれば、そうした瞑想のタイプの違いによって反応する脳の部位も異なります。

ニューバーグ博士がまず興味をもったのは、信仰する宗教の違いにより瞑想の脳への影響に違いが出るのかでした。

そこで、チベット仏教僧の瞑想中の脳をＳＰＥＣＴでスキャンしてみると、瞑想中に

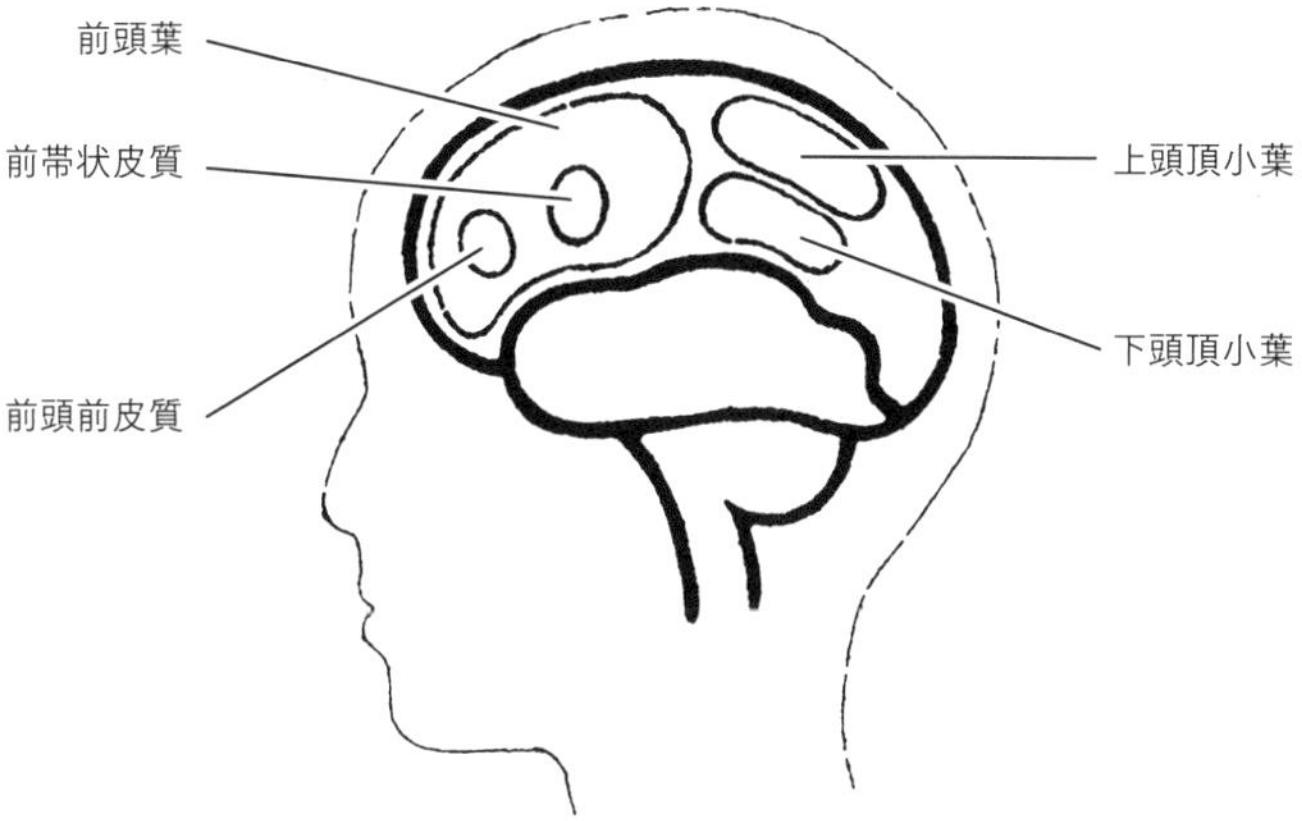

（略図であり、脳の部位の正確な構造や形状を示すものではありません）

は脳の頭頂葉の活動が低下していました。頭頂葉は自分が存在する時間と空間を認識する部位です。一方、集中力と注意力に関わる前頭葉の活動は活発になっていました。

次に、フランシスコ派のキリスト教徒の尼僧が祈りながら瞑想している最中の脳を観察してみたところ、前頭葉の働きが活発化し、上頭頂小葉の活動が低下していました。

ここまでは、瞑想中のチベット僧と同様ですが、フランシスコ派の尼僧の場合には、言語に関係する下頭頂小葉の働きが活発になっていました。言葉で祈りを捧げていたのですから、それは当然といえるでしょう。

チベット仏教僧の瞑想、アイアンガーヨガ（イエンガーヨガ）の瞑想、キリスト教徒の沈黙の瞑想に共通していたのは、いずれも前頭前皮質と前帯状皮質の活動が活発になっていたことでした。

その研究では、無神論者で瞑想を長年続けてきた人の瞑想中の脳も観察しています。無神論者に神について考えながら瞑想してもらった場合には、瞑想中の脳には大きな変化はみられませんでした。

ニューバーグ博士は、宗教、つまり信仰する対象の違いではなく、瞑想の仕方の違いで脳への作用がどう変わるのかも調べています。

クンダリーニ・ヨガで実践されている瞑想法を長年続けてきた10人の瞑想のベテランを被験者として、ふだん彼らが行なっている2種類の瞑想が脳に与える影響には違いがあるのかをみたのです。

この実験に使われたのは、サタナマというマントラを繰り返し唱えながら、手指を動かしながら瞑想するキルタン・クリアという瞑想法と、何も唱えずからだも動かさないリラクゼーションのための瞑想法でした。

その結果、キルタン・クリアの瞑想法では、自分の経験を参照する部分とみられる前頭前皮質の活動がかなり活発化していました。

一方、リラクゼーションのための瞑想法では前頭前皮質の活動はとくに活発にはならず、海馬、扁桃体など情動に関わるとみられる大脳辺縁系と、感覚や辺縁系の機能に関わるとみられる島皮質（前頭葉、頭頂葉、側頭葉に周囲を囲まれた外側溝の中に位置する）の活動がかなり活発化していました。

ニューヨーク大学が瞑想により影響を受ける脳の部位を調べた研究でも、瞑想法の違いは確かに脳の活動に反映されることが判明しています。この研究で比較対象にしたのは、一点に意識を集中させる瞑想法、そしてマインドフルネス瞑想法、ノンデュアリティ（不二、非二元性）の認識を主眼にした瞑想法です。

その結果、一点に意識を集中させる瞑想法とマインドフルネス瞑想では、脳の外向的な働きをする部位と内向的な働きをする部位の活動には連動性はみられませんでしたが、ノンデュアリティの認識を主眼にした瞑想法では、脳の外向的な働きをする部位と内向的な働きをする部位の活動は連動していました。

脳の組織構造も変える瞑想のパワー

修行歴が長く、瞑想になれた僧ほど脳の活動状況に変化が現れるまでの時間は短く、彼らの脳の組織構造自体も瞑想したことがない人の脳の組織構造と比べて、より大きく異なっていることも分かっています。

ハーバード大学のサラ・ラザール博士が2005年に発表した研究では、長年瞑想してきた人の脳は、普通の人の脳と比べると前頭前皮質や右島皮質前部など、注意力、内省、感覚処理に関する皮質が厚くなっていました。

2008年にはウイスコンシン大学マディソン校のリチャード・デービッドソン博士らが、ベテラン修行僧8人と学生ボランティア10人の頭に128のセンサーを取り付けて、瞑想による脳波の変化をみる実験をしました。

その実験では、修行僧は何かに意識を集中させることなく、「無条件の愛と思いやりの気持ちを心に抱いた状態を保つ」という仏教の瞑想法の一つを実践するように指示されました。学生たちは、自分が本当に愛している人のことを想い、その想いをすべての生き物に広げるような気持ちで瞑想を続けるように指示されました。その結果、瞑想に慣れた修行僧では、瞑想し始めた途端に、高波動のガンマ波の活動が活発になり、脳の離れた部位の脳波が同調していました。この時に観測された僧の脳波は、健常者の脳波としてそれまで報告されていたなかでは最大で、瞑想初心者の30倍もありました。つまり、瞑想を実践するほどにガンマ波が出やすくなるようなのです。

また、その実験では瞑想前に静かに座っているだけの状態の修行僧と学生の脳の活動状況もチェックしていたのですが、その結果、修行僧の脳は瞑想に入る前に、すでに学生の脳の活動とは異なっていました。長年瞑想を習慣にしていると脳の組織構造自体が変化し、ふだんから瞑想状態に近い脳になるのだろうと研究者は考えています。

さらに、2012年に発表されたドイツのヘムニッツ工科大の研究では、瞑想には意識を変容させる効果があることも示されています。

第6章 チベット仏教と超能力

チベット僧の脳はPTSD（心的外傷後ストレス障害）になりにくい

私がチベット仏教や瞑想に興味をもったきっかけは、2008年にシアトルを訪れたダライ・ラマ法王が記者会見の席で語った一言でした。

ちょうど法王の渡米中にチベット情勢が緊迫し、予期せぬ騒乱で僧侶や一般人の多くの生命が危険にさらされていた時のことです。一人の記者が「ご心配で夜も眠れないのではないですか？」と質問したところ、法王は、「私は仏教徒です。仏教の修行のお陰でいつでも何が起きても私はぐっすり眠れます。昨夜もしっかり8時間眠りましたよ！」とお答えになり、「ハ、ハ、ハ、」と笑われたのです。

もちろん、事態は笑いごとではなく、法王はすぐ真顔に戻ってチベット情勢に関する会見を続けられましたが、私は深刻な状況でも屈託なく笑え、心配事があってもよく眠れるというのはすごいことなのではないかと、とても感銘を受けました。それで、チベット仏教の修行や瞑想の効果に関心をもつようになったのです。

調べてみると、仏教の修行として瞑想を続けてきたチベット僧の脳はＰＴＳＤ（心的外傷後ストレス障害）になりにくいことも、脳の組織構造をみるＭＲＩ検査の結果として研究報告されていました。

トラウマが脳の組織構造自体を変化させてしまうことは、米国の帰還兵の脳の研究などを通じて医師の間では知られています。チベット僧の多くは宗教弾圧で肉体的、精神的迫害を繰り返し受けてきましたが、チベット僧の場合には米国の帰還兵や、迫害や虐待や事故でトラウマを受けたその他の人々と比べて、悪夢、不安症、パニック障害、ウツ病といったさまざまなＰＴＳＤの症状に苦しむことが少ないようなのです。そこで、研究者が過去の体験からみて確実にトラウマがあるはずのチベット僧の脳をＭＲＩで調べてみたところ、トラウマが原因で起こることが分かっている組織変化が起きていないことが判明したのです。

瞑想が痛みに強い脳をつくることは、ウエイクフォーレスト大（米国ノースカロライナ州）の臨床試験でも報告されています。その実験では15人の被験者に金属の足かせをした状態で脳をスキャンし、足かせの温度を快適な室温から摂氏49度まで上げ、本人に感じる痛みと不快感のレベルを点数で自己評価させ、同時に脳に起こる変化を観察しました。その結果、足かせが熱くなった時には、足の痛みを感知する耐性感覚野と、前頭葉の前帯状皮質、島皮質の活動が活発になっていました。

その実験の後に被験者は、呼吸に集中しながら湧き上がる思いや記憶を感情を伴わずに意識して心を静めるという仏教の瞑想法を学び、1日20分、4日間にわたってその瞑想を続けるよう指示されました。

その後に再び被験者を前述と同じ実験に参加させたところ、痛みを不快と感じる自覚は57％低下し、痛みの程度の自覚も40％低下していました。実際に脳の耐性感覚野の活動も低下していました。

被験者の中で瞑想後に自覚した痛みの程度が最も低下した人では、右の島皮質と両側の前頭葉の前帯状皮質の活動が増加していました。一方、痛みの不快感の自覚が瞑想により最も低下した人では、眼窩前頭皮質の活動の活発化が最も顕著で、感覚情報を測る視床の活動低下が最も顕著でした。

私の想像ですが、チベット僧と同様に長い迫害と虐待を受けてきたネイティブ・アメリカンの人たちも、トラウマになりにくい脳をもっているのかもしれません。どんな苦悩があっても笑い飛ばしたり、冗談を言えるのがネイティブ・アメリカンの社会の大きな特徴だからです。

長時間、暗闇で祈り続けるスエットロッジ、絶食して一人で数日間、山ごもりして座り続けるビジョンクエスト、昼夜踊り続けるダンスなど、ネイティブ・アメリカンの伝統社会には独自の瞑想法ともいえる風習がありますし、大自然のなかで瞑想に近い精神状態で過ごすことも多いはずです。そうしたライフスタイルを続けてきた人々の脳がチベット僧の脳のようになっていても不思議ではない気がするのです。

氷の天井を体温で溶解させた尼僧

チベットでは僧によるお告げ、つまり、未来の予知が社会に役立つとして活用されてきた長い歴史があります。

1959年にダライ・ラマ法王が無事にチベットからインドに脱出できたのも、法王ご自身や周囲の高僧が、中国による侵略がいつ現実になるかだけではなく、安全な逃げ道まで予知、予見していたからだとされています。ダライ・ラマ法王はそれを「仏様のご加護を受けた」と表現されています。

私のチベット仏教修行の師であるチベット伝統医のドクター・ニーダによれば、彼の恩師である尼僧も予知能力に長けていたようです。

彼女は中国軍が侵攻してくることを予知できただけでなく、自分が逃げた場合と投獄された場合の未来がどうなるかも予知できました。未来には選択肢があり、すぐ逃げれば無事に逃げ切れることが分かりましたが、投獄された場合には心の支えとして他の囚人の役に立てることも分かりました。そこで尼僧は周囲の人々には逃げるように指示しながら、自分は投獄される未来を選び、それは現実となりました。

尼僧は中国軍に拉致された極寒のチベットの真冬の晩に、真っ暗な地下牢に投獄されました。瞑想を始めた尼僧は、そのうち天井から水が落ちてきたのを不思議に思い、看守を呼びました。看守が天井の様子を見ようと尼僧をいったん牢から出した途端に天井が崩れ落ちました。地下牢の天井は厚い氷でできていたのです。

この尼僧は、悟りをひらいた16世紀の高僧の生まれ変わりと認定され、チベット人に信奉される人物だったことから、中国軍は夜明けまでに凍死させて自然死として片付けようとしたのです。

そうとは知らずに瞑想していた尼僧は、長年の修行により瞑想で自分の体温を上げられるようになっていたため、厚い氷でできた天井を溶かしてしまったのです。

尼僧はその後、毎晩、氷が入ったたくさんのバケツと共に寝かされることになりました。朝までに氷は溶けて、看守たちが日中に使える水になるからです。

チベット密教修行と予知能力

ダライ・ラマ法王はチベット僧のこうした予知能力とチベット密教の修行の関係についての問いに、直接的に答えるのは避けておられるようです。しかし、「チベット密教の修行の結果として、神秘現象が生じることを否定するのは間違っている」という控えめな言い方で、修行が超能力をもたらすことを示唆されています。

「こうした超能力は瞑想で開発されたものなのか」に着目したのは英国の心理学者セレナ・ロニードゥーガル博士です。チベット仏教僧とヨーガ行者を対象とした6年間にわたる研究報告が２００９年に発表されていますが、その結果は、瞑想修行の期間が長い人ほど超常現象を起こせる能力が高まることを示唆しています。

また、一般人、学生、ヨーガの修行者、チベット仏教の僧、尼僧、そして過去の高僧の生まれ変わりと信じられている高僧を対象として、瞑想を日課としてきた期間と予知能力の関係性を調べた研究もあります。その結果、瞑想期間と予知能力の高さには相関性がみられました。ちなみに、最も優れた予知能力を発揮したのはチベットの僧院に住んでいる僧でした。

チベット・ヨーガの超人技

チベット仏教の修行は悟りをひらくことが目的ですが、その過程で超人的な身体能力も開発されていくことは以前から知られています。

チベット僧といえば終始、座って瞑想するか読経しているようなイメージがありますが、呼吸法やからだを動かす体操でしっかりからだも鍛えることも古代から実践されてきた修行の一部です。

ヨーガというとまず思い浮かべられるのは、さまざまなポーズや呼吸法からなるいわゆるインドのヨガですが、本来のヨーガの意味は広義で修行法という意味です。チベット仏教でも心身のさまざまな修行法のことをヨーガと呼んでいます。（注：誤解を避けるため、本書ではヨガとヨーガを使い分けています）

チベット僧にとってからだを鍛える目的は、自然の五大元素からなる生命エネルギーの流れを改善し調整することで精神性を高めることです。

チベットの伝統医学によれば、人の体内では7万2千もの脈管やその中継地点であるチャクラを通して生命エネルギーの風が循環しています。それが人のからだを機能させ、意識を創りだしていると考えられているのです。

体内で自然の五元素がうまく調和を保ち、生命エネルギーの風がうまく流れるようにするには、脈管やチャクラを健全に保つ必要があり、常に静坐して瞑想しているわけにはいかないのです。

チベット僧が座禅を組んだまま宙に跳び上がる映像をネットでも見ることができますが、それも修行の一部です。いきなり静坐から跳び上がるわけではなく、からだを摩擦して生命エネルギーを体内に充満させた結果、瞬発力で跳び上がれるのです。

生命エネルギーの風は呼吸によって体内に取り込まれるので、チベット・ヨーガの体操では常に呼吸の仕方を重視します。チベット・ヨーガの身体修行のなかで最も驚異的なのはトゥンモ（トゥモ）とよばれる修行で、呼吸法と瞑想と、微細なからだの動きの組み合わせからなります。

トゥンモが有名になったのは、極寒のなかで行なわれるその修行法が過酷に見えるのと、瞑想を続ける修行者のからだが自発的に発熱するのが、現代医学の常識ではありえない超常現象だからです。

極寒の夜、裸同然で冷水したたる濡れたままのシーツでからだをくるまれて瞑想していれば、普通の人なら凍死してしまうところですが、修行を積んだチベット僧は、座ったまま体温で次々と濡れたシーツを乾燥させることができるのです。まるで人間アイロンのようなもので、蒸気が上がるのが裸眼でも見えます。

瞑想で氷の天井を溶かした前述の尼僧も、このトゥンモをしっかり修得していたために命拾いしたのです。

けれども、トゥンモの目的は体温を上昇させることではありません。天と地から取り込んだ生命エネルギーを丹田（下腹部）で生命エネルギーの玉にして溜めます。それを脈管を通じて脳に送り届けて、頭頂にある悟りへの門をひらくことが究極の目的です。

つまり、悟りに向けた修行であることに変わりはないのです。

《無敵の獨鈷《とっこ》のポーズ》

からだを鍛えると同時に、精神世界にアクセスする部分の脳を刺激して、神仏の世界とつながりやすくするための体操です。

（1）両足のかかとが触れ合うように、つま先で立ちます。

（2）そのまま、膝を開いて曲げます。

（3）前かがみにならないように、からだをまっすぐにし、腕は頭上にかかげます。

（4）肘を曲げ、手の平を上に向けて合掌します。

（5）アゴを引き、顔は正面を向いたまま、目は上目づかいで、頭上を睨みます。

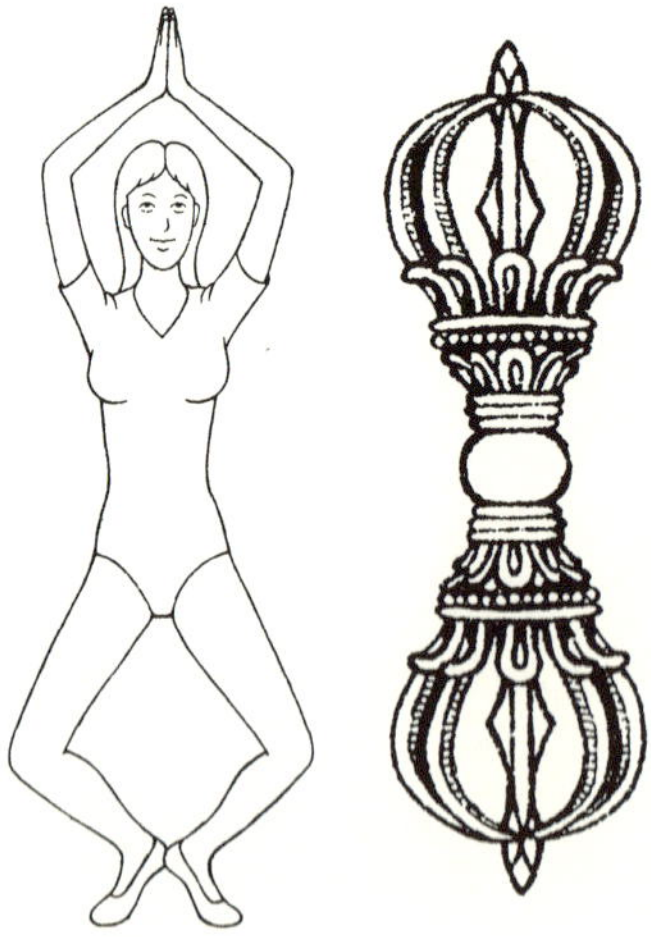

獨鈷の形状（右）を模したポーズ。
かかとをつけて爪先で立ち、
膝を開き、頭上で手を合わせ、
目は開けたまま頭上を睨む。

（6）そのまま、しばらく瞑想します。

悟りをひらいて虹の身体で天に昇る

チベット人の社会では、虹の身体（レインボーボディ）と呼ばれる超常現象が古代からときおり報告されてきました。修行を積み、徳を高めた高僧が亡くなる際に、その肉体が消滅したり縮んでしまうという、目に見える超常現象です。

それはまさに色即是空の体現で、死と同時に人体が自然の五大元素のエネルギーに還元されて、虹となって消えてしまうもので、「その人が本当に悟りをひらいた結果だ」とチベット仏教では考えられています。

肉体の生と死の境で起こるこの虹の身体現象には、悟りの程度に従った等級と過程があるようです。

まず、虹の身体を実現できるほどに悟りがひらけた僧には自分の死期が分かるので、たいがいは周囲の人々に予告しています。つまり、周囲の人が注視するなかで死を迎えるのです。

肉体が死を体験する前に、その人がこの世に存在した物理的形跡をまったく残さずに消えてしまうのが完璧な「虹の身体現象」で、最も崇高な悟りの証です。

完璧ではなくとも、かなり悟りがひらけていた僧の場合には、歯と爪だけを残して、その他の肉体が消えてしまいます。

ある程度悟りがひらけていた僧の場合には、死と共に肉体が乾燥して凝縮し、子どもや赤ちゃんぐらいの大きさになってしまいます。

実際には、肉体が消えるまでには過程があるらしいことは牢獄で亡くなったチベット僧の例が示唆しています。これは現代になってからの出来事で、１９６２年に記録されたケースです。

ある時、この僧が入れられた独房を看守が覗くと、座っている僧の服は見えましたが、服の上にあるはずの頭が見えませんでした。一体、何をしているのだろうと不思議に思った看守が中に入ってみると、服はいつも僧が着ていた状態のままでしたが、僧の頭がありません。看守が服の上から覗くと、前日までは普通に生きていた僧は子どもぐらいの大きさのミイラになっていました。

チベット人の多くに崇拝される囚人の変死だったので、現場はそのままにして、事件として中国政府に報告されることになりました。数日して調査団が到着し、再び独房の中に入り、服の上から見ると、ミイラは消えていました。歯と爪だけが床に残っていたのです。

チベット出身の修行僧であり、教典の学者としても著名なタルク・エシ・リンポチェによれば、「虹の身体」になることは人間の本来の姿に戻ることです。

リンポチェの研究によれば、人間の祖先は太古の昔に宇宙から地球に降り立った宇宙人で、そのことはしっかりと仏教の教典にも記されています。

地球に住むようになった宇宙人は巨大で、山のような大きさでしたが、そのからだは物質で出来た肉体ではなく、虹色に輝く光体、「虹の身体」でした。

スピリチュアルなパワーをもっていたその宇宙人は、当初は地球上でも何も飲み食いせずに生きられました。が、地球に長い間いたために、そのうちおなかが空くようになり、フルーツなどを少しずつ食べるようになりました。しかし、そのために徐々にからだから光が消え、スピリチュアルなパワーも失ってしまったのです。

悟りがひらけた僧は、人間本来の真髄である「虹の身体」の光体として宇宙に帰るというわけです。

薬師仏が伝えたチベット伝統医学

完璧な「虹の身体」を成就させた例として知られているのは、チベットに仏教を伝えた功績で知られるパドマサンバヴァです。ドクター・ニーダによれば、肉体をもって生きていた時から人の本性である光を失わずにいて、その光に戻ったのです。

また、チベット医学の父で、実は薬師仏の化身だったと信じられている、ふたりのユトク（8世紀にチベット医学の基礎を築いた古ユトクと、12世紀にチベット医学の体系を完成させた新ユトク）も、共に完璧な「虹の身体」を成就させたと信じられています。

古ユトクは自分自身だけでなく、妻と飼い犬も連れて「虹の身体」を成就させたと伝えられています。弟子たちを集めて自分の人生を語り、最後の教えを授けた後で、公衆の目前で「虹の身体」を成就させたと記録されているのです。一方、新ユトクが亡くなった時には、身体が宙に浮き上がり、虹の光に変わって消滅したと伝えられています。

この二人のユトクにより完成されたと伝えられるチベットの伝統医学は、色即是空のノンデュアリティこそ真理だとするチベット仏教の宇宙観と自然観に基づいています。人も自然の一部であるとみて、人の心身の健康に関しても自然の関わりを最も重視します。物質世界だけでなく、精神世界も視野に入れて人の健康を考えるのです。

自然界には地、水、火、風、空《くう》という五大元素のエネルギーがあり、その調和ですべてが成り立っています。人間も自然の一部で、五大元素のエネルギーから出来ており、その調和が損なわれると体調が崩れたり、精神的に病んで病気になるのです。

中国の伝統医学でも、自然の五元素が人の心身をコントロールする生命エネルギーの構成要素だとされていますが、五元素として挙げられているのは地、金、水、木、火です。チベット医学の場合には、中国伝統医学にはない空が考慮されているという違いがあります。

チベットの伝統医学は大別して内科と外科に分かれ、内科は鉱物の摂取なども含む、薬草療法が中心です。外科としてはマッサージ療法、カッピング、瀉血《しゃけつ》療法があります。

マントラ・ヒーリング

チベットの伝統医学では、マントラ・ヒーリングも臨床医療の一部として取り入れられています。マントラ（真言）を唱えたり、マントラを唱えた後の息を吹き込んだ水やバターを内服薬や外用薬として使うのです。

マントラは神仏や自然の五大元素のスピリットへ呼びかけて、その助けを得ることで癒しを導いたり祈願を叶えてもらうという、時空を超えた多次元療法です。

マントラ・ヒーリングは、人の声の波動を使ったエネルギー・メディスンです。外から耳を通して体内に伝わるだけではなく、声帯からの波動が体内の骨伝導でダイレクトに脳やからだに伝わるため、マントラ・ヒーリングは最も効率の良いサウンドヒーリングともいえるのです。

マントラ・ヒーリングの起源は、古代ヒマラヤに遡《さかのぼ》ると言われています。仏教が渡来する以前のチベットの民間信仰はボン教ですが、ボンとは「マントラを唱える」という意味です。山岳修行で神通力を得た修行者の耳に、人を癒す術として天から聞こえてきたのがマントラ。山から降りた修行者がそのマントラを唱えると、本当に人が癒せたことから、療法として広まったとされています。

マントラのほとんどはサンスクリット語かチベット語で、ヒンズー教や仏教でもマントラは祈りに使われてきました。日本語では「真理を語る言葉を意味する真言」と訳されています。

マントラの威力は、その固有の発音のサウンド自体の波動にあるとみられています。そのため本来は翻訳ではなく、オリジナルの言語の発音で唱えるべきものですが、医師や僧たちは、唱える人の意図さえ確かなら発音が悪くても問題はないとしています。実際、同じチベット語でも地方ごとに方言があるので、唱える人によって若干、発音が異なるマントラも多いのです。マントラを唱えた後で、唱え間違いを許してもらうために唱えるマントラもあります。

チベット医学ではマントラは他の薬と同様に、医師が患者の症状に応じて処方します。たとえば、胃痛を治すにはこのマントラを5千回唱え、その息を吹き込んだ水を毎日飲みなさい、といった処方が出されるのです。

　マントラはリアルタイムで唱えるだけでなく、マントラのエネルギーの波動を水やバターや塩に転写して、それを服用や外用に使うこともできます。特定のマントラを処方された回数唱えて、ヒーリング・パワーを充満させた吐息を吹きかけた水やバター、塩は保存薬にもなります。

　今でも、チベット仏教の社会では高僧が病いに倒れた時などには、高僧の癒しを促進すべく、マントラのパワーを集めて増強して、高僧に送るためのマントラ集会が開かれます。大勢の人が交代で24時間、特定のマントラを唱え続け、その総合回数で治癒に必要とされた処方のニーズを満たすのです。

　症状別、臓器に特化したマントラ、特定の神仏に捧げるマントラなど、古代からチベットで治療に使われてきたマントラは数千あると言われています。子宝を授かるための

身（身体）、口（エネルギー）、意（マインド）を清めるマントラ、オムアーフム

もの、逆に避妊の効果があるマントラもあります。からだの症状だけでなく、たとえば女性を惹きつけることができるようになるのも人にとっての癒しだと考えられることから、そのためのマントラもあるのです。

マントラ治療を臨床で実践してきたドクター・ニーダによれば、他の療法では効果がなかった症状がマントラ療法で快癒することもあります。たとえば、腎臓結石がマントラ・パワーで溶解した例もあるそうです。ドクター・ニーダの奥様の出産時にも、病院に行った時には担当医に翌日までかかると診断されたので、ドクター・ニーダが奥様に出産を助けるマントラを唱えさせると、その後、難なくお産は済んだそうです。

マントラの多くは一般にも流布されていますが、なかには師から弟子へ直伝で伝授しないと効果を現さないどころか、自己流で使うと有害になるとされているマントラもあります。

マントラを一心に唱え続けて、超人になった僧

チベット僧の修行では無言で行なう瞑想と共に、マントラを唱える修行も重視されています。古代から真摯に修行をする人は数年間といった長期間にわたって洞窟にこもり、瞑想し、マントラを唱え続ける洞窟修行を一生のうちに何度も行なうのです。

歯と爪だけを残して「虹の身体」を成し遂げた前述の僧も、甥や近親者の記憶によれば、人生のうちに何度も何年間もこもりきりになる洞窟修行をしていました。

そうした洞窟修行はチベット仏教の伝統的な修行法で、ほぼ飲まず食わずで数カ月、数年間、暗闇の洞窟にこもります。２００５年には、ネパールで大木の下で座禅を組んだまま10カ月間水も口にせずに瞑想を続けた少年がブッダ・ボーイとして大きな話題になりました。

ちなみに、仏教僧でなくても食物の消化吸収をスキップして、外界から直接、生命エネルギー、プラナを吸収して必要な栄養を得て生き続けられる人たちも実在します。呼

吸から栄養をとることからブレサリアン、宇宙の生命エネルギー、プラナから栄養をとることからプラナリアンなどとも呼ばれています。弁護士や大学講師として仕事も続けているプラナリアンは日本でも有名になりました。

さて、ひとつのマントラだけを一心に唱えることで奇跡の癒しを導く超人になったとされているチベット僧が中国に健在しています。

ミラクル・ラマというニックネームで呼ばれるようになった、カルマ・ギュルメ・リンポチェです。私は2016年、米国オレゴン州ユージーンのチベット僧院でそのマントラ・ヒーリングの儀式に参加し、ミラクル・ラマが起こす超常現象を実体験しました。

ミラクル・ラマが口に金属のスティックをくわえてマントラを唱えると、スティックは焼け火箸のように熱くなりました。そのスティックを患者の体に当てて、あらゆる病気を治癒に導くのです。ミラクル・ラマのヒーリングはエイズさえも癒すとされ、中国政府の要人もミラクル・ラマのヒーリングを受けに来るそうです。

私の場合は、補佐役に「動くと危ないから熱くてもじっとしていろ」と注意された後に、二人がかりで体と頭を抑えられ、ミラクル・ラマの前で前かがみに頭を下げました。そしてミラクル・ラマが口にくわえてマントラ・パワーで満たした金属のスティックを頭頂部の2カ所に当てられました。確かに跳び上がるほどの熱さと痛みでしたが、一瞬のうちに施術は終わりました。痛みはすぐに治まりましたが、スティックを当てられた部分の地肌は真っ赤になり、数日すると水ぶくれになりました。まさに火傷です。また、何もされなかった両耳の耳たぶにもなぜか、かさぶたができました。

ミラクル・ラマのマントラ・ヒーリングは効果が瞬間的に現れるとは限らず、症状によっては治癒に長くかかることもあり、その間は患部には何もするな、薬もつける必要はないとあらかじめ言われていました。そこで、なるべく患部に触れないようにシャンプーし、そのまま放置しておいたのですが、水ぶくれは引くどころか、その後、数カ月間にわたって大きくなり続けました。やがて、それはかさぶたになり、1年ほど経ってから、かさぶたになった地肌が髪の毛の束ごとゴソッと剥がれ落ちました。

ミラクル・ラマが口にくわえ、マントラを唱えた後に他人に当てると一瞬でやけどを引き起こす超高温のスティックは、口から出された後にも数分間はその熱を保ちます。しかし、不思議なことにミラクル・ラマ自身にとっては熱くないようで、自分の腕や頬にじっと当てても何も跡は付かないだけではなく、ミラクル・ラマはスティックを目の中に突っ込んでみせたりするのです。

ミラクル・ラマがマントラで熱くできるのは小さなスティックだけではなく、片手で持つには重すぎるほどの大きなクリスタルも、ミラクル・ラマがマントラを唱えて息を吹きかけると、素手では触れないほど熱くなります。

スピリチュアル・ヒーリングやエネルギー・ヒーリングの効果は、癒される側の宗教観や信仰には影響されないと考えられていますが、ミラクル・ラマはマントラ・ヒーリングをする相手に絶対的な信頼を求めます。疑いをもったり、効果を信じようとしない人に施術すると、ミラクル・ラマ本人の具合が悪くなってしまうのだそうです。また、スティックをマントラで熱するヒーリングは、ミラクル・ラマを疲れさせるので、1日30人が限度だということでした。

ミラクル・ラマに会って帰ってきた後で、エネルギー・ヒーラーでもあり科学者でもある私の師匠たちに、ミラクル・ラマのスティックでできた水ぶくれを見せて、ミラクル・ラマのヒーリングについての意見を聞いてみることにしました。

イーレン気功の師のグアン・チェン・ソン博士は、私のエネルギーをチェックして、「とても穏やかで優しい癒しのエネルギーで、ある薬草の香りがする」と言いました。

ソン博士によれば、ミラクル・ラマのヒーリングは中国の伝統医学の考え方にも合致します。中国の伝統医学では、人の舌は自然の五元素でいえば火のエネルギーをもっているとと考えられているからです。舌の火力で熱したスティックは、いわば火縄銃のようなもの。灼熱のメタルによる施術は銃で弾丸を打ち込むようなもので、癒しの薬効を届ける仕掛けに過ぎないというのです。

私にとってはその火のエネルギーが強すぎたので、体内のバランスをとるために水のエネルギーをもつ腎臓が反応し、腎臓とつながる感覚器の耳にその反応が現れた、というのがソン博士の診断でした。

セル・レベル・ヒーリングの師であるジョイス・ホークス博士にみせると、「あなたの頭頂に小さな薬師仏が観視できる」と言われました。

後に、ミラクル・ラマは若い頃にはごく平凡な修行僧だったとドクター・ニーダから聞きました。しかし、今では中国ではVIPの聖人と見なされ、普通の人はなかなか施術を受けることはできないそうで、私が会えたのはラッキーで貴重な体験だと言われました。

ミラクル・ラマはドクター・ニーダの修行仲間でしたが、とくに目立つところもない普通の僧だったのだそうです。しかし、修行の成果があまり現れないことにあせりを感じたのか、ある時、ひとりで洞窟修行に出かけたまま、9年間も帰ってこなかったのです。ミラクル・ラマがこもった洞窟は、チベットに仏教をもたらしたパドマサンバヴァが開いたといわれるチベットの洞窟でした。

洞窟修行中のミラクル・ラマは、飲食は最低限の水と少量の煎り麦にとどめ、毎朝午前2時に起きて、6時間の瞑想に入り、1日21時間は瞑想し、パドマサンバヴァのマントラを唱え続けました。まったく食料がなくなることもあり、そんな時には岩を砕いた粉をひとつまみ食べるだけでした。

そうした修行の末に山を降りたミラクル・ラマは、再び他人と接するようになり、自分が超能力を授かったことに気づきました。他人のからだの中が見え、他人が心の中で考えていることも分かるようになったのです。口にくわえてマントラを唱えると物が瞬時に超高温になり、それで人を癒やすことができるようになりました。

ヒーラーとしてのミラクル・ラマの名声はまたたく間に広まり、それだけではなく、聖書が伝えるキリストの逸話のように、水の上を歩いたり、火の中に座り続けるといった超人ぶりの目撃者も増えて、奇跡を起こす聖人として知られるようになったのです。

悟りと超能力に向けたチベット医の精神修行

チベット仏教はいくつもの学派に分かれて発達しましたが、どの学派に属していても
その修業はいわば生涯教育です。まずは本格的な修行の準備段階となる前行を終えなけ
れば、その先の教えを授かる「資格」は得られません。その前行には、両手、両膝、額
の五体を地面に投げ伏して絶対的な帰依を示す礼拝法の「五体投地」を10万回といった、
一般の人には気が遠くなるような要項もあり、フルタイムの修行僧でない限り、前行を
終えるだけで数カ月、数年がかりになります。

そんななかで、薬師仏の化身とされる前述のユトクが確立した速習の修行法、ユト
ク・ニンティクが世界的に普及し始めています。

これは、医師や看護師、施術士など他人を癒す立場にある人のためにとくに体系化さ
れた、精神と身体の修行法です。

その背景にあるのは、チベット医学の倫理哲学。他人を癒す立場にある人はまず自分

自身の心身が健全であることが必要で、徳の高い人格者でなければならない。さらに、的確な診断と治療で人に尽くすためには、勉学や訓練で取得した知識や技術だけでなく、直感力と神仏から必要な助けを得られる神通力を磨く必要があるという考え方です。けれども医師その他、人を癒すことに生涯を捧げる人は常に多忙で、修行僧のように、悟りを得て神通力を得るための修行に専念している時間はないというジレンマがあります。そこで、ユトクは人を癒す人にとってとくに大切な修行を、時間のゆとりのある時に短期集中で行なえる修行法を開発したのです。

ユトク・ニンティクは、基本的には汎学派のチベット仏教の修行です。前行の後に心身を鍛える体操、さまざまな瞑想法などの修行に入ります。それぞれ7日間といった仏教の世界の尺度からすると超短期間で師から伝授を受け、後は日常生活のなかで授かった教えを実践します。とはいえ、ユトク・ニンティクも修業の究極のゴールは、悟りをひらいてレインボー・ボディ、虹の体を実現することです。

ユトク・ニンティクはチベットでも医大などでのみ実践されてきた特殊な修行法でした。しかし、欧米に拠点を移すチベット人の医師や僧が増えたこともあり、近年ではチベット医学に関心をもつ人々の間で実践されるようになり、米国でも修行者のグループが増えています。医療関係者に限らず、多忙な日常生活を送りつつ精神修行や悟りを求める人にとっては好適で、価値ある修行です。

悟りへの道は人それぞれ

チベットでは、次のような格言が言い伝えられてきたそうです。

「毒草に出会った時に、君子危うきに近寄らずで避けて通るのが賢人。毒草も乾かしたり煎じたりすれば薬になることを知っているのが医師。そして、毒草をそのまま薬に変えられるのが聖人だ」

いわば医師を聖人にするための修行ともいえるユトク・ニンティクをこの数年間で世界各国にひろげてきたのは、チベット医のドクター・ニーダですが、世界でのチベット仏教やユトク・ニンティクへの関心の高まりを歓迎する一方で、「先進国の人々の近年のスピリチュアル・ブームは滑稽でさえある」と語っています。

すばやく精神的に満たされようとして、またはなんとか早く悟りをひらこうとして、さまざまな宗教を渡り歩いていたり、帰依するための新たなグルを求め続けている人が多すぎるというのです。そんなことをしているから、そのうちに相反する教えで頭がいっぱいになって混乱してしまい、悟りに近づくどころか、スピリチュアルなストレスで心身を病んでしまうことすらあるのです。

瞑想ブームについても同様で、無理やり瞑想しようと座っていても、空《くう》の境地にたどり着けないといらだつばかりでは意味がない、とドクター・ニーダは警告します。座っていることだけが瞑想ではないので、杓子定規に考えるよりはもっとリラックスして自分の性向にあった瞑想をすればよいのだとすすめています。

ドクター・ニーダによれば、実際、チベット仏教の修行で実践される瞑想法にもさまざまなものがあります。呼吸など一点に意識を集中させることで、雑念を払い、やがて空の境地に至ることを目的とする瞑想法の他に、一つの命題について考え続けながら真理を探っていく分析的瞑想もあります。

論理思考を重視する一般の現代人にとっては、頭からすべての思考や雑念を追放するのは至難の業で、いらだちながら座っていることになりがちです。それでは瞑想の意味をなさないので、むしろ、その時に頭にこびりついている考えや感情に意識を集中させ、分析を続けていれば、新たな境地で悟ることも出てくるのです。

ダライ・ラマ法王も、「自分は論理的思考型なので、得意なのは分析的瞑想法だ」と語っています。

ドクター・ニーダのクラスでは、横になっての瞑想も立って歩いての瞑想も許されます。じっと座っているのが苦痛だったり苦手な人なら、歩きながらでも瞑想はできるし、五体投地を繰り返したり、チベット・ヨーガを無心に行なうことでも瞑想はできる、というのです。

どうしても瞑想できない時には、無理して続けようとするより、時を改めてフレッシュな気持ちで挑戦する方がいいのです。

五感や感情、痛みも瞑想のツールになる

現代生活、とくに都市生活者にとっては、瞑想に適した環境を確保するのは容易ではありません。せっかく頭の雑念を払いかけたと思っても、つい近所を走る車や空から聞

こえてくる飛行機の雑音に邪魔されたり、家の中の時計や家電製品がたてる小さなノイズが気になりだしたりしがちです。さまざまな物に囲まれた日常空間では、ビジュアルの刺激、食べ物の匂いなど五感で感じるさまざまな刺激が瞑想の妨げになります。

ドクター・ニーダによれば、そんな時には、視覚や聴覚、嗅覚、味覚に意識を集中させる瞑想をすればいいのです。瞑想で第六感や直感力を磨きたいと思っている人にとっては、いきなり五感をシャットアウトして内なる世界に向かおうとする瞑想法に励むよりは、逆に瞑想で五感を研ぎ澄ます方が効果的だというのです。

また、ショッキングな出来事が起こって、怒りや悲しみ、悼《いた》みなどで心がいっぱいになったり、からだの痛みや病気で瞑想どころではないという気分の時こそ、瞑想が役に立ち、また瞑想を上達させるチャンスです。

怒りでも悼みでも、その時に最も気になることを邪念として払い除けたり抑圧しようとする代わりに、それに強く意識を集中すれば、異なる境地に到達しやすくなるということなのです。

先に紹介した高僧のタルク・エシ・リンポチェも、つい最近、インフルエンザにかかり、高熱で苦しんだ時に行なった瞑想について語っています。

身体的な苦しみに意識を集中して瞑想することで、自分が苦しいときこそ、自分だけでなく、自分と同様に苦しんでいるすべての生き物のために、とくに支援してくれる人もなく、孤独で苦しんでいる人のために祈ることが必要だ、と実感できたそうです。リンポチェの場合には自分が寝込んでいることをフェイスブックで語ったところ、大勢の人が食べ物を持ってきてくれたり、回復のために祈ってくれたそうで、そうした人たちをもつ自分の幸せに感謝し、自己利益でなく他人のために瞑想し祈ることで、早く元気になれたとしています。

《視覚を使った瞑想法》

目を開けたまま瞑想します。

（1）目に見える光景の全体を視野に入れます。

（2）凝視せずに、ぼんやりと、その中のなにかひとつに意識を向けます。

（3）しばらくしたら、他のものに意識を移します。

（4）そうしているうちに雑念はなくなります。

《聴覚を使った瞑想法》

（1）目を閉じて、まず自分の身近で聞こえる音に意識を集中します。

（2）しばらくしたら、100メートル先の音に耳を傾けます。

（3）しばらくしたら、1キロ先の音に耳を傾けます。

（4）耳を傾ける先を海の向こう、地球の反対側、宇宙の遥か彼方まで、少しずつ、より遠くまで意識を広げていきます。

《嗅覚を使った瞑想法》

（1）エッセンシャルオイルなどを使い、異なる匂いをつけた綿棒を補佐役の人に、いくつか用意してもらいます。

（2）目を閉じて瞑想に入ります。

（3）瞑想しながら、補佐役の人が鼻の先に差し出してくれる綿棒の匂いをかぎ、その匂いに意識を集中して瞑想を続けます。

（4）しばらくしたら、補佐役の人は異なる匂いのする綿棒を瞑想している人の鼻先に差し出します。
(5) 新たな匂いに意識を集中して、瞑想を続けます。

《味覚を使った瞑想法》

(1) チョコレートやレモンなど、異なる味のする食べ物のみじん切りを補佐役の人に用意してもらいます。
(2) 目を閉じて、瞑想に入ります。
(3) 瞑想しながら、補佐役の人が口の中に入れてくれる物の味に意識を集中して瞑想を続けます。
(4) しばらくしたら、補佐役の人は異なる味のする食べ物を瞑想している人の口に入れてあげます。
(5) 新たな味に意識を集中して、瞑想を続けます。

寝ながら悟りを目指すドリーム・ヨーガ

瞑想では意識は覚醒させたままにし、うっかり眠ってしまわないようにすることが重要ですが、チベット密教の修行では睡眠中の修行法も確立されています。眠り方次第では、夢を通じて神仏から啓示を得たり、未来を予知することもできるからで、そうした修行法はドリーム・ヨーガと呼ばれています。

夢を活用できるようになるためには、高次元につながる夢が見られるようになるだけではなく、それをしっかり記憶し、起きた時にも覚えていられるようになること、さらには夢の内容や、受けたメッセージがどういう意味をもつのかを解釈できるようになることが必要です。ドリーム・ヨーガでは、そのための知識を得て、上質な夢を見て覚えていられるための就寝の仕方を修得します。

チベット仏教の世界観は色即是空、存在するものは同時に存在せず、すべての物質も出来事も幻です。ですから、人が体験している最中にはリアルな現実である夢の世界を、現実と同様に重要視します。目が醒めた時には跡形もなく消えている夢は、この世の真理を映す鏡でもあるのです。

私たちの脳は、起きている間は現実的な問題の解決に終始しがちですが、そうした脳の活動が静まる睡眠中は、異次元への扉も開かれ、悟りに向けた修行にとっても絶好の時間になります。

また、チベット医学では患者が見た夢を分析して、診断や治療に生かすので、ユトク・ニンティクの修行でもドリーム・ヨーガの実践が求められています。

ドクター・ニーダによれば、夢は見た人の健康状態を示唆するだけでなく、次のような重要な役割を果たしています。

⑴ 健康を守る。免疫がからだを外敵から守るように、夢は精神世界の免疫として外界からの影響から私たちを守ってくれています。

⑵ 過去の経験が再構成された夢を見ることで、現在や未来を新たな視点からみられるようになります。人間関係や仕事といった人生の大きな課題に対しての新たな考察を示してくれるのです。

(3) ふだんは意識せずにいるものの、潜在意識の奥底に潜んでいる問題を浮き彫りにした夢を見ることにより、気づいていなかった意外な側面など、自分自身の認識が深まります。

(4) 夢は自分の内なるグルの教えともいえます。夢は完璧な幻の世界を、言葉を介さずに体験できる唯一のチャンスでもあります。

(5) 夢を通じて人は時空を超えて異次元に行き、そこに秘された叡智をもち帰ることもできます。

チベット医学の夢分析

チベット医学では、夢の内容は夢を見る個人の状態だけではなく、宇宙的なスケールでさまざまな要素に影響されていると考えます。夢の内容は本人の健康状態や眠る場所やコンディションはもちろんのこと、眠っている間の姿勢、夢を見る時間帯や季節、また地、水、火、風、空《くう》という環境や人の心身を構成する自然の五大元素の組み合わせ、太陽や月、その他の天体の動きにも影響されています。そうしたすべての要素が人の体内を流れる生命エネルギーの流れに影響し、意識の状態や夢の情報を受信し、記憶する脳の状態を変えるからです。

未来を予知するいわゆる「正夢」に関しても、チベットの夢科学には細かい分類があります。早朝に見る夢は数日先から数年先に起こる出来事、つまり直近でない未来の予知夢であることが多いとされています。一方、午前10時といった朝遅い時間に見る夢は、その日のうちに現実になる可能性が高いとされています。

夢分析は欧米の心理学でも重要視されてきましたが、夢の内容はもっぱら、本人の深層心理の現れだとみられてきました。チベットの夢分析でも、本人が過去に自分体験したり見聞きしたことの記憶の断片が再構成された夢や、本人の潜在意識に潜む恐れや欲望などの表れと考えられる夢もあるとしていますが、すべての夢が本人の脳の想像の産物だとは考えていません。

ドクター・ニーダによれば、夢は大別すると、健康な夢、病的な夢、そして特別な秘密の夢の3種類に分かれます。健康な夢は日常の体験の記憶や解釈から再構成された夢です。病的な夢は、心身に不調が現れた時にそれを警告してくれる夢で、夢の中で目立った色や登場人物、起きた出来事を分析することで、心身のどこにどんな不調があるのかを突き止めることができます。

しかし、最も注目すべきは「特別な秘密の夢」と呼ばれる夢です。それは人が頭の中で想像した内容ではなく、自然界や神仏、高次元からの啓示が現れた夢です。修行を積んで、悟りがひらけてくると、そうした特別な秘密の夢が頻繁に見られるようになるとされています。

特別な秘密の夢は、半覚醒状態で見ることが多いとされています。自分が夢を見ているのだとぼんやり自覚しながら見ている夢で、起きてからの記憶にも残りやすいのです。こうしたタイプの夢は西欧の心理学でもルーシッド・ドリーム（明晰夢）として認識されています。

チベット医学では、特別な秘密の夢は「睡眠中の瞑想」とも呼ばれています。睡眠中にできるこの精神修行で、気づきや悟りを得ることもできるのです。

特別な秘密の夢を見るための準備

チベット密教のドリーム・ヨーガでは入眠する直前の心身の状態が、夢に大きく影響するとしています。私たちは、ふだん眠る前に日中に起きた不快な出来事を思い返したり、翌日にしなければならないことを思い出したりしがちです。けれども頭の中を考えごとでいっぱいにしたまま眠りにつけば、眠っている間も考え続けたり、ストレス反応が続くことになり、それは夢に反映され、夢を見たとしても、現実をベースとした想像の世界に過ぎない夢になってしまいます。

夢で異次元の世界に行くには、現実の世界にひきずられないようにすることが大切なのです。

その準備段階となるのが、心身の清め、浄化です。ドクター・ニーダは、チベット仏教で儀式の前などの清めに用いられる「浄化の九呼吸」を就寝前にもすることを推奨しています。ベッドの上やその周辺で座禅を組むのが隣りで眠っているパートナーに憚《はばか》られる場合には、ベッドに入って仰向けに寝た状態でしっかり息を吐き切ってから、何回かゆっくり深呼吸します。まずは、すべての不浄を吐息で吐き出すようにイメージしながら息を吐き、息を吸う時には純粋な光を吸い込んで、体全体が輝く光で満たされるようにイメージします。

その過程で、考えごとも頭の中から追い出し、怒りや悲しみといった感情も心から吐き出すのです。

次に、自分が愛する人々のことを考えたり、自分の心が温かくなるような楽しい記憶を思い出します。自分の心を落ち着かせ、ハートをオープンにした状態で眠りにつくのです。

また、ドクター・ニーダによれば、眠る前にクリスタル（天然水晶）を手にとってじっくり眺めると、そのクリスタル・パワーを借りて、より明晰なルーシッド・ドリームが見やすくなります。

ユトク・ニンティクのドリーム・ヨーガの修行法では、夢を見るための準備は日中から始まります。

服を着たり、歩いたり、食事をしたり、働いたりといった日常のすべての行為の間に、

「私はいま、眠っている」、「これは夢だ」、「出来事はすべて夢で幻だ」と想像し、ときどきそれを声に出して自分に言い聞かせます。

そして、眠る直前には、阿弥陀仏を観想する瞑想を行なってから、「私は今晩、見た夢を覚えていられる」と21回、自分に言い聞かせてから眠りにつきます。

朝、目が醒めてもすぐには目を開けたり、起き上がったりせず、リラックスした状態で見た夢を思い出し、しっかり頭に刻みます。それから起きて、ノートに記録します。

より本格的なドリーム・ヨーガでは、生命エネルギーのポイントとなる頭、胸などに異なる種字（1音節の真言）を観想しながら断続的に眠る修行もあります。2時間ごとに起きて、寝る姿勢も変え、観想する種字も変えて眠ると、夢で異次元に行けるとされているのです。

《浄化の九呼吸》

人に苦悩をもたらす三大要因である、怒り、迷妄、貪欲を心身から排出させる、清めの呼吸法です。

チベット医学では、人間の上半身には生命エネルギーが流れる三大脈管、言い換えれば「気の通り道」があり、下腹部で合流していると考えられています。中央には直径が親指大の青い透明な脈管があり、下腹部からからだの中心を通って頭頂に突き抜けています。その右には男性性、陰陽では陽のエネルギーの通り道である赤い透明な細い脈管が下腹部から肝臓を抜けて、右目の裏を通って鼻孔につながっています。左には女性性、陰陽では陰のエネルギーの通り道である白い透明な細い脈管が下腹部から心臓を抜けて、左目の裏を通って鼻孔までつながっています。

浄化の九つの呼吸法では、右側の赤い脈管に溜まった怒りを排出し、左側の白い脈管に溜まった迷妄を排出し、中央の青い脈管から貪欲を排出します。

《基本の姿勢》

(1) 結跏趺坐《けっかふざ》、半跏趺坐《はんかふざ》、または背筋がしっかり伸びるように椅子に座ります。
(2) 両手とも親指を薬指の根元につけ手を握り、人差し指だけ伸ばします。
(3) ワシが胸を反らせるように、肩を後ろに回し、胸を反らせます。
(4) 肘を曲げずに、人差し指が股間で向き合うようにして、両手を太ももの上に置きます。

（5）自分の全身が透明な光で出来ていて、鼻と下腹部を結ぶ、赤、白、青の3つの半透明な脈管があり、下腹部で合流しているというイメージを想像します。
（6）深呼吸を3回繰り返します。

《呼吸の仕方》

（1）左手の人差し指で左の鼻孔を押さえ、右手は額の高さに掲げます。
（2）右の鼻孔から息を吸いながら、右手に息をリードさせるつもりで、指を鼻の高さから下腹部まで下げます。
（3）息を止めて、右手は下腹部でUターンして人差し指を上向きにして鼻の高さまで上げ、人差し指で右の鼻孔を抑えます。
（4）怒りが赤灰色の煙となって鼻から体外に排出されるイメージを想像しながら、左手を鼻からはずし、左手を下に下げながら、勢い良く左の鼻孔から息を吐きます。
（5）右手の人差し指で右の鼻孔を押さえたまま、息をリードするように、上向きにした左手の人差し指を下腹部から鼻の高さまで引き上げながら、左の鼻孔から息を吸います。
（6）左手の人差し指で左の鼻孔を押さえ、右手を下にさげながら、「無知」が灰色の煙となって鼻から体外に排出されるイメージを想像しながら、勢い良く、右の鼻孔から息を吐きます。

(7) 息を止めて、左手を左鼻からはずし下にさげます。

(8) 上向きにした人差し指で中央の脈管を指差し、両手を引き上げながら、両方の鼻孔から息を吸います。

(9) 鼻の高さで両手を外側に向け、両手を下げながら、執着心が青灰色の煙となって体外に排出されるように想像しながら勢い良く、左右の鼻孔から息を吐きます。

(10) 1〜9を3回繰り返します。

(11) 自分のからだが透明な光で出来ており、

浄化の九呼吸の基本ポーズ。
からだの中央に気のエネルギーが通る３本脈管を観視する

3つの脈管もクリアーになったイメージを想像しながら、3回深呼吸します。

《就寝前のクリスタル瞑想》

(1) 眠りにつく直前に、クリスタル（天然水晶）を手にとって15分間にわたって、その詳細を観察し、記憶します。

(2) 自分の脳がクリスタルで出来ているとイメージします。その中に目も耳も鼻も口も頭の地肌も髪の毛もすべて、透明なクリスタルで出来た自分の頭部があることを想像します。

(3) 自分のからだ全体がひとつのクリスタルで出来ているとイメージします。

(4) そのクリスタルで出来るからだには、一つの目がついているイメージを想像します。

(5) 一つ目のからだがクリアーに想像できるようになってから、クリスタルで出来た自分のからだ全体に目がついているイメージを想像します。

第7章

気功による悟りと超能力開発

道教の仙人修行から学ぶ超人術

「人と宇宙の不滅の真理（道）を知り、道と一体になれば、人は現世で悟りをひらき、神通力をもつ不老不死の仙人になれる」とするのが道教の教えです。そのための鍛錬法として発達したのが気功ですが、実は気功の起源は紀元前二五〇〇年頃に中国の伝統医学の祖となった黄帝の教えに遡るとされています。気功はその後、仏教や儒教にも取り入れられ、さまざまな流派に枝分かれして現在まで受け継がれてきました。オリジナルの道教系の気功は、今では道家気功と呼ばれています。

道家気功にとっての「気」は宇宙のすべての存在のベースで、人の心身を動かす思考や感情といった、いわば情報のコンテンツも含む生命エネルギーです。

人は輪廻を通じて養ってきた気（魂）と、祖先からの遺伝子情報などを含む気（精気）と、宇宙と人類の根源にある神気（仏性）という3種類の気からなる「根源的な気」（真気、元気、本気とも呼ばれる）を体内に宿して生まれてきます。

買ったばかりの携帯電話では少しだけ使えるものの、充電しないとすぐに使えなくなるのと同様で、人も先天性の気を消耗してしまったら身体は保てないので、呼吸と食べ物の摂取で気を補給し続けます。

先天性の気（魂）は日中は目の間に宿り、睡眠中は肝臓で休み、精気は腎臓周辺に宿り、神気はハートに宿ります。ふだんは脳の活動を通した意識的精神に心身のコントロールを任せる形になるのです。意識的精神は外界との交流で生じる欲望や怒り、偏愛などにエネルギーを奪われやすく、根源的精神の力まで奪ってしまうことになりがちです。そうなれば、人は心身に支障をきたし、寿命を縮めることにもなります。

道家気功では、人がそうして道を失うことがないように、天と地と人を結び直し、身体を構成する個々の細胞に宿る根源的精神の叡智を目覚めさせます。そして常に良質で清浄な気を天からも地からも存分に吸収し、体内で効率良く循環し続けるようにすることで、精神の質をトータルに高めていくのです。

気は、人の体内では脳と内臓やその他の器官を結ぶ経絡を通じて循環し続け、同時に波動として他人とも自然界の要素とも影響しあっています。ですから気のコントロールの仕方を学べば、地球の自然や宇宙のエネルギーも最大限に活用して心身の健康を遺伝子のレベルから改善し、人間関係をより円満にできるのです。

また気功による気の操作で先天性の気、つまり魂が過去世から引きずってきたトラウマを解消できるので、人徳や人格も高まります。さらに気功の修練を続けていれば体内で錬丹術のトランスフォーメーションが起こります。先天性の気も後天性の気も神気に変えることができれば、高徳な聖人や仙人になれるのです。

気功には、体内に気を巡らせるための瞑想（行法）と運動（導引法）の組み合わせからなる内気功と、邪気を体外に排出させ、良い気を補うことで癒しを導く外気功がありま す。気功は太極拳や高齢者の健康体操と混同されがちですが、実は体内のミクロの世界から広大な宇宙や異次元に広がる複雑な気のシステムを意のままに操れるようになるための、とても奥が深い修行法なのです。

気功の威力

私が過去10年間学んできたのは、中国出身の気功師で分子遺伝子学者でもあるグアン・チェン・ソン博士が米国で広め、注目を集めているイーレン（人易）気功という気功法です。

中国の青島《チンタオ》近くで育ったソン博士は、幼い頃に伝染病で死にかけたところを伯父さんに助けられて命拾いし、伯父さんのもとで気功の修行をするようになりました。

道家気功のなかでも最も精神性が高く、密教的な要素が強いとされる全真派の気功の継承者だった伯父さんは、ソン博士の体内ですでに気の生命エネルギーが上向きに流れ、頭頂から体外離脱しかかっているのを見抜きました。そこで一昼夜、ソンを木の枝から逆さ吊りにして、気を逆流させ、ソン博士の体内に引き戻したのです。

共産主義が全盛の中国で、村で1軒だけのキリスト教信者の家庭に生まれたソン博士は、キリスト教と同様に政府から有害な教えとされていた道家気功を、家族にも内緒で伯父さんから学びながら育ちました。伯父さんはソン博士の資質を見抜いて、秘伝を継承させる後継者と決めたのです。ソン博士は、気功を学んでいることは実の兄にも知らせないよう命じられていました。

ソン博士は伯父さんから気功を暴力に利用することも厳禁されていましたが、キリスト教徒の子どもとして学校で嘲笑されることが多く、ある日、学校の帰り道で自分より大きな体の級友たち十数人に囲まれ、敬虔なキリスト教徒である母親の悪口を言われたので、堪忍袋の尾が切れました。取っ組み合いの大喧嘩になり、小柄だったにも関わらずソン博士はたった一人で、しかも素手で全員を負かしてしまいました。

しばらく散歩して気を鎮めて家に帰ると、そこには怪我をさせられた子どもたちの親たちが怒って殺到していました。ソン博士は伯父さんにこっぴどく叱られ、二度と気功を暴力に使わないことを約束させられましたが、この顛末でソン博士は気功の威力を改めて認識しました。

ちなみに、中国では今でも気功はご法度となっています。それも超能力者も創り出させる気功のパワーを認識し、気功の達人が増えることをあまり歓迎していない人がいるからだろう、とソン博士はみています。

体感で米国と日本を結んだ気メール

さて、ソン博士は幼少期から気功の修行を続ける一方で、絹の品質向上を将来の職とすべく分子遺伝子学を専攻して大学を卒業し、中国の国費留学生として日本に来ました。そして、国立総合研究大学院大学で学びながら、伝統の道家気功をベースに最新の科学知識と自らの体感と天からの啓示で得た情報を融合させた、独自の気功法を周囲の人たちに教え始めました。その生徒たちの反応と上達ぶりから、ソン博士は自分が教える気功は、伝統的な中国の気功と比べて速習しやすいことに気づきました。

中国気功の世界では、体内の気の流れを実感できるようになるまでには数年かかることも多いと言われています。著名な気功師のなかにも、「最初に気を感じるようになるまでに7年かかった」と語っている人がいるほどです。けれども、ソン博士の気功クラスの生徒たちは数カ月で気の流れが感じられるようになり、2年以内で気を操れるようになり、外気功で他人を癒すことができるようになる人もいました。さらに何人かは、以心伝心で他人の考えていることが分かるテレパシーも発揮しだしたのです。

ソン博士は日本に滞在していた間に、気功の生徒に請われて、気功を癒しに応用する外気功も始めました。病院で死にかけていた人がすっかり元気になって退院したり、生まれつき病弱で外で遊ぶこともできなかった子どもが20分間の外気功ですっかり元気になり外でボール遊びを始めた、などといった体験からソン博士は我流の気功の驚くべき効果を認識し始めました。

日本で博士号を修得したソン博士は渡米し、シアトルのワシントン大学の遺伝子学の研究員となりました。そこでタバコイモムシのクローン技術の開発に貢献し、気鋭の研究者として注目され、米中の有名大学からも招聘されるようになりました。

その傍《かたわ》ら、最初は研究者仲間を集めて開いていた気功のクラスが好評だったことから、一般の人々を対象にしたクラスも教えるようになりました。

すると、免疫不全や慢性疲労症候群など現代医学では治療法が確立されていない病気で何年も苦しんでいた人が、ソン博士の教える気功を始めてまもなく元気を取り戻したりもしました。また、ごく基本の動作を8週間続けていたところ医師に不治といわれたガンが消滅してしまった、という人も出てきました。

医療効果を示す実例が続々と報告されるようになり、ソン博士は自己治癒法としての気功の恩恵や可能性に、より自信をもちました。

そんなある日、ソン博士は日本で気功を教えていた生徒たちから手紙を受け取りました。手紙には次のように書かれており、支援金も入っていました。

「私たちが、最近なぜかハンバーガーが食べたくなるのは、先生のせいだと思います。ハンバーガーばかり食べていないで、たまには同封したお金でお寿司でも食べてください」

確かに、渡米した当時のソン博士は米国の食べ物が気に入り、ハンバーガーばかり食べていたそうです。もちろん、そんなことは誰にも言っていなかったのですが、数年間にわたる気功の師弟関係でソン博士と「気心が知れた」相手になっていた人たちは、特定の物が食べたくなるという体感を通じて、ソン博士のハンバーガー熱を察知してしまったのです。

ソン博士はそうした体験から、人間の内臓が感情や思考という情報の代謝も行なっているとする中国の伝統医学の五行説の正しさと、生命情報を伝える媒体としての気の役割を再確認しました。そして、人と人との間で随時行なわれている見えない情報交換によるプライバシーの侵害や、他人から受ける気の影響から心身を守るための気功法を重視するようになりました。

一方、研究者としてのソン博士は、実験用のカイコにレーザーのメスを入れるたびに自分の足に痛みが走るようになりました。大学の動物実験なのでカイコが痛みを感じないように麻酔をかけてから行なうので、カイコ自身は痛みは感じないはずなのですが、気功の修行で波動に敏感になったソン博士のからだが反応するようになったのです。ビクッと足が動くたびにメスにも揺れが響き、実験は失敗という繰り返しの末、ソン博士は、「これ以上、殺生というカルマの負債を溜めてはいけない」という天からのメッセージなのかもしれないと思うようになりました。

それで、細胞遺伝子学者としてのキャリアは諦め、気功の効果の臨床研究と啓蒙に専念するべく、我流の気功をイーレン気功と名づけ、シアトルに気功と統合医学の研究所を設立しました。

米国で育つ気功

向学心や探究心が旺盛な米国人は、気功のクラスでも疑問があれば納得できるまで質問し、議論します。また、気功の動作や瞑想が自分のからだや精神状態に与える影響を逐一報告し、ソン博士に意見を求めてくるので、ソン博士にとっても教えるほどに学びが深まることになりました。

やがて、ソン博士は新たな動きや瞑想法や教え方を、天からの直伝の啓示として受け取るようになりました。

イーレン気功のベースは門外不出の教えも多い全真派の気功なので、初期にはソン博士が次のクラスの計画を立てていると、高次元に存在する道教の仙人から、「それは白人女性には教えてはならない」といった具体的な指示が届いたこともあったそうです。気功のクラスで講義している最中に新たな技法を説明しかけると邪魔が入ったり、咳が止まらなくなったり、天からストップをかけられることもありました。

けれども最近では、仙人たちはイーレン気功を学びに来る米国人の真摯な態度を認め、指導にも積極的になったようで、今ではソン博士だけでなく、自宅で練習中や瞑想中にソン博士の師匠である仙人たちから直接、テレパシーで指導が得られるようになった人もいます。

現実の世界には、ソン博士が道家気功の秘伝を米国で教えたり、女性に伝授することを好ましく思わない伝統派の気功師たちもいるようですが、ソン博士は個人の健康や幸福だけではなく、社会の調和や平和に貢献できる気功術は、中国人だけの秘伝に留めるべきではなく、広く世界に啓蒙していくべきだと語っています。

イーレン気功では膵《すい》臓を重視する

イーレン気功は伝統的な道家気功の流れを組んでいますが、伝統にとらわれず、医学的なエビデンス（証拠）を重視しているという点で、他の流派の気功とは一線を画します。

体内には気の生命ネルギーが流れる経絡があり、内臓や各器官を結んでいるとみるところまでは同じですが、イーレン気功では、他の気功や鍼灸療法では脾《ひ》臓と認識されていたのは実は膵《すい》臓で、脾臓の経絡も膵臓の経絡としているのです。また、中国伝統医学では三焦経《さんしゅうけい》などという分かりにくい名で呼ばれてきた経絡は、実は生殖器と分泌系の経絡だと解釈しています。

ソン博士は自分や患者、生徒の体内を流れる気の流れを実際にからだで感じているうちに、中国伝統医学で提唱されていた経絡図には誤りがあるのではないか、と疑問を抱くようになりました。脾臓の経絡を膵臓の経絡と捉え直し、三焦経を生殖器と分泌系の経路とすれば、導引法のもたらす効果も納得でき、西洋医学の知識にも合致することから持論に自信を深め、研究論文も発表し、注目を集めています。

ソン博士が最初にその見解を発表した時には、2千年以上信じられてきた中国伝統医学の常識を否定したことになったため大きな反発を買ったそうですが、実際にイーレン気功による病気の治癒効果が高く、博士の見解は西欧医学の医師にも理解しやすいことから、ソン博士の説を支持する声が増えてきたのです。

経絡の新解釈に基づいたイーレン気功には、血糖値を下げ糖尿病の予防や軽減に役立つ効果や、ウツ病の症状を軽減させる効果があることはすでに臨床試験でも実証されています。さらにはガンや慢性疲労症、ダニが原因となるライム病、神経痛といった免疫が関係する疾患や痛みの緩和などに役立つ本格的な医療気功として、自然療法専門の医大のカリキュラムにも取り入れられています。

そもそも気功や鍼灸療法で使われてきた伝統の経絡図は、中医学の祖とされる黄皇帝が提唱したものです。皇帝に逆らうことは恐れ多かったので、その間違いは正されず、そのままになってしまったのだろうとソン博士は考えています。また、古代中国では性について公《おおやけ》に語ることがタブーだったので、生殖器は経絡図でも無視されてしまったのだろうということです。

ソン博士によれば、中国でカンフーなど気功に基づく武術が発達し、武力志向の国家になったのも、人体で防御の役割を担う脾臓を重視してしまったためで、人体で調和の役割を担う膵臓が重視されていたなら、歴史は全く変わっていたかもしれないのです。

気功にはデトックス効果もある

私がイーレン気功に出会ったのは２００５年のことでした。からだに触れずに心身の状態をチェックする「気のエネルギー診断」ができるすごい気功師がいると聞き、ソン博士に取材したのがきっかけです。取材中に「ちょっと試してみましょうか」と、その場で診断を受けた時の衝撃と、診断が当たっていたことに驚いたのです。

イーレン気功のエネルギー診断では、手は直接触れないようにして、両手で患者の片手を挟み、手の真ん中にある気の出入り口から、患者の体内の気の流れにアクセスして心身への影響をチェックします。ほんの2～3分の診断で心身の状態やその原因が分かるのです。肝臓や胆嚢の症状は食生活のせいではなく、他人から受けている怒りや嫉みのエネルギーのせいだ、といったことまで分かるのです。

ソン博士の両手の間に片手を差し出した時に私が感じたのは、極めて強力な磁力のようなものでした。それは静電気に触れた時のような一瞬の現象ではなく、ジンワリと続き、ヒッチコック映画の『めまい』に出てきたイメージのように、ググーッと渦巻状に異次元に引き込まれていくような感覚を味わったのです。

その不思議な感覚を感じたのは、実は初めてではありませんでした。何年も前に、ネイティブ・アメリカンのラコタ族のメディスンマン（呪術医）のヒーリングでの感覚と同じでした。その時には、メディスンマンが異次元から邪念を送るスピリットを追い出すとして、私の額の上に手をかざした途端に、強い磁力で奈落の底から引っ張られているような感覚がありました。

また、両手でクリスタル・スカルに触れた時にも、同じような衝撃的な異次元感覚がありました。太古の文明からの情報を保存しているとされる、マヤ族のクリスタル・スカル（頭蓋骨の形に彫刻された天然水晶）の展示体験会に行った時の出来事でした。

それで、「ソン博士はただ者ではない」と実感してイーレン気功の初級講座に参加したところ、気を感じる練習をしていた最初の2時間で、私の手の平の真ん中にある労宮の気の出入り口に水ぶくれができたのです。真気を活性化させるために、胸の高さで両腕を差し出し、両手の間の気の流れを感じる練習をしていただけで、物理的には何も手の平に触れてはいなかったのにです。

ソン博士に見せると驚いた風もなく、「気の流れが良くなり、デトックスが始まり、リンパ系に溜まっていた不要なエネルギーが排出されはじめただけだから、そのままにしておけば収まる」と言われました。実際、その日のうちに水ぶくれは破れもせずに消えてしまいました。

人の身体は自然の生態系の縮図

イーレン気功では、まず気の流れを自分でコントロールできるようになるための技法を学びますが、そのベースにあるのは自然の摂理（道）を説く道教の教えです。地上に生きる人のからだは地球の自然の生態系の縮図で、自然の摂理に従っていれば、個人の健康と社会の調和が守れると考えます。

自然界の要素はすべて、エネルギー的にみれば陰か陽に分かれ、自然界の調和は太陽と月、男と女、暑さ寒さ、高低といった陽と陰のバランスで成り立っています。

人の体内でも陰陽の法則は働いており、陰の気（月のエネルギー）と陽の気（太陽のエネルギー）をもつ内臓があります。イーレン気功では肝臓と胆嚢、心臓と小腸、脺臓と胃、肺と大腸、腎臓と膀胱が陰陽のペアになって機能していると考えます。

また自然は火、土、金、水、木という五種類の異なる性質をもつエネルギーで構成されており、その力関係の変化がさまざまな事象を起こします。

それがいわゆる五行説と呼ばれる法則で、木が擦れ合うと火が生まれ、火が燃え尽きると土になり、土から金が生まれ、金が流れると水になり、水が木を育てる、というのが自然の親子関係です。一方、木が育ち過ぎれば、土の栄養分がなくなり、土は水を吸収し、水は火を消し、火は金を溶かし、金は木を伐り倒す、という相克関係もあります。

人の体内で木の性質をもつのは肝臓と胆嚢、火の性質をもつのが心臓と小腸、土の性質をもつのが脺臓と胃、金の性質をもつのが肺と大腸、水の性質をもつのが腎臓と膀胱です。

イーレン気功には易経の教えも取り込まれています。易は日本では非科学的な占いのように思われていますが、易経は自然を構成するエネルギーの関係学です。

私たちは地球の自然だけではなく、天（陽）と地（陰）のエネルギーの影響も常に受けています。人はその天と地の間で陰陽のバランスをとっているのです。陰陽の調和を求めるのが自然の摂理（道）なので、陰陽の調和を保つために天の陽は地の陰を求めます。その天地の関わりの結果として雷《かみなり》が発生します。雷からは水が発生します。イーレン気功では、人の体内でこの雷の役割を担うのは生殖器とリンパ系の経絡だと捉えています。

感情や思考といった人の意識は、脳だけでなく内臓を通して情報処理されており、気の波動を通じて他人の内臓にも影響を与えています。

気功で自然のバランスを回復し、身体の叡智を目覚めさせれば、恐れを勇気に、悲しみを希望に変えるといった内臓による感情の変換も可能になり、人間関係もより健全になるのです。

気で結ばれた人間関係を学ぶ

微細な生命エネルギーである気は個人の体内の経絡を循環しているだけでなく、皮膚という壁に隔てられることなく外界にも広がっています。人間と外界の関係は、コンピ

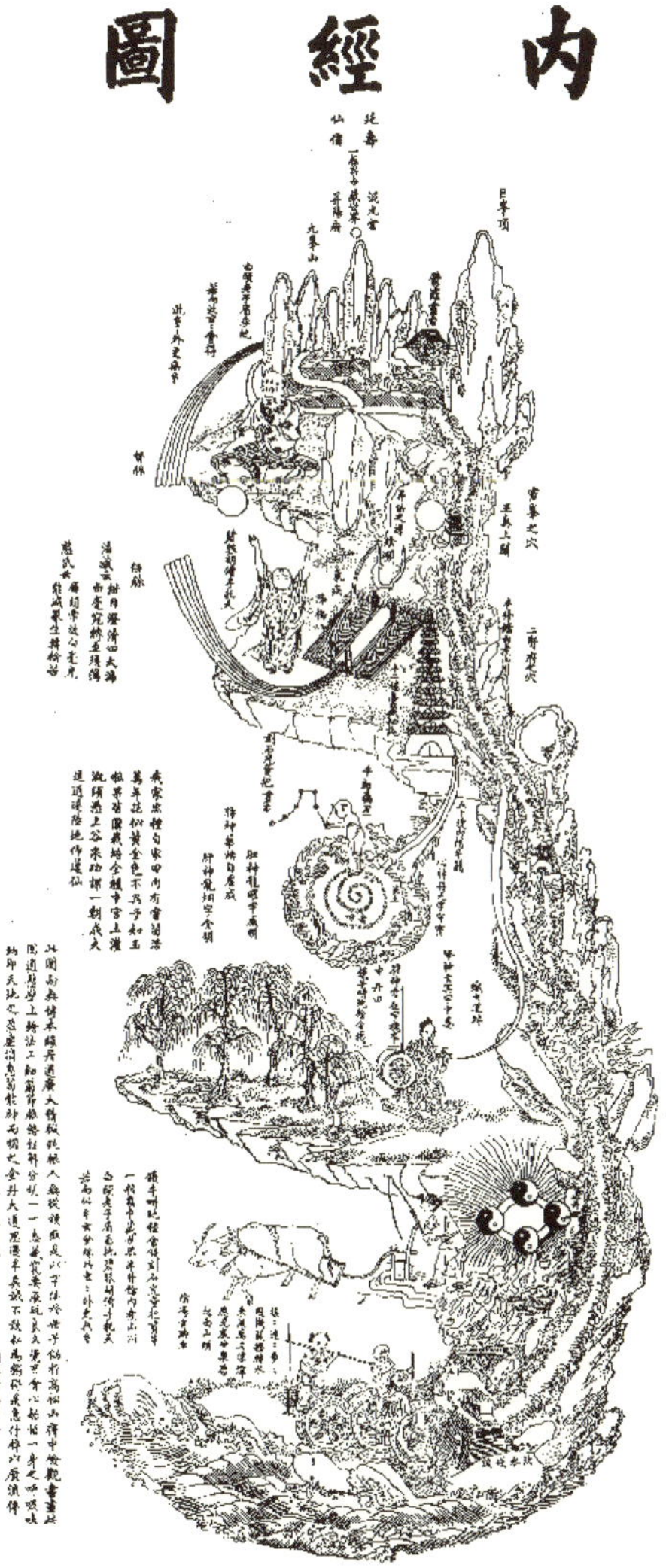

人体を自然界の縮図とみる道教の内経図。座禅を組んだ人の上半身を横から見ている

ュータや携帯端末といったハードウエアとクラウドにたとえると、想像しやすいかもしれません。

人の肉体は目に見え手で触ることもできるハードウエアのようなものですが、ハードウエアを起動させるには、目には見えないオペレーション・システムが必要で、さらにさまざまな機能を果たすためには専用のソフトウエア、アプリが必要です。気はそのオペレーション・システムとアプリに当たります。

技術の先進により、私たちはどこにいても個人のハードウエアからクラウドに簡単にファイルをアップロードして保管したり、逆にクラウドにある情報をダウンロードすることができます。あらゆる情報が簡単にやりとりでき、膨大な情報量を個人のハードに保管できるようになったために、どの人のコンピュータや携帯にも一戸建てではない集合住宅のように、さまざまな人の思考やアイデアが詰め込まれていることでしょう。

同様に、私たちの心身も気という情報媒体を通じて外界ともつながり、見えない微細エネルギーのレベルで常に他人と情報を交換し、環境からの影響を受けているのです。ほとんどの人が気づいていないだけで、他人からの感情のエネルギーが内臓に影響し、炎症や痛みといった身体症状になって表れることも珍しくないのです。

たとえば、会社から帰ってきたパートナーがやけに不機嫌なのは、本人のせいでもあなたのせいでもなく、満員電車で他人の抱えていた怒りを移されたせいかもしれないのです。生殖器も他人の感情に影響を受けやすく、元の恋人の未練や怒りが卵巣や子宮の異常をもたらすことがあるのです。

米国では最近になって、透視能力をもつ精神科医として知られるジュディス・オルロフ医博が、感情など他人からの気のエネルギー感染を受けやすい人々へ注意を呼びかける本を出版して話題になりました。フェイスブックなどでも情報が飛び交うようになり、人と人との気の交流への認識はようやく高まってきています。

以前からこうした気の交流を重要視してきたイーレン気功では、意図せず送られる他人の気による侵略から心身を守る気のファイアーウォールの構築や、うっかり他人からもらって自分の内臓に溜め込んでしまった感情のエネルギーを排出するためのエクササイズを日課にすることが奨励されています。

けれども、ソン博士によればそうした心身の防御や癒しは負を補うもので、気功の真の目的への準備段階に過ぎません。イーレン気功の究極のゴールは、人のオペレーション・システム自体をアップグレードして、多次元で存在できるようになることです。

気が自由自在に操れるようになれば、怒りや嫉妬など他人から送られたネガティブな気も良いエネルギーに変換して、肥やしにできるようになります。そうすれば、心身を清く保ち、人徳を高め、円満な社会づくりの役に立てるようになるだけでなく、潜在能力を全開させ、多次元にアクセスしながら生きられるようになるのです。

無の境地の先にある玄界

さまざまな導引法で体内の気のコントロール法を体得した後のイーレン気功の修練は、瞑想が中心になります。瞑想といっても頭の中の雑念をなくして無の境地に至るだけではなく、その無の境地にやがて現れる玄界（空の境地の先に開けてくる別の境地。伝統的な仙道では「玄関」）に留まり、そこで少しずつ悟りを開いていくのです。

玄界はコンピュータのプログラミング言語でいえば、0と1の間です。細胞遺伝子学にたとえれば、幹細胞のようなものです。すべての可能性を秘めた無と有のはざまです。人間が肉体をもって生きている物質世界は三次元の世界、時間軸も考慮すれば四次元の世界ですが、それよりも高度な次元が時空を超えて同時に存在しています。植物の精や動物の聖霊がすむ次元、天使などがすむ次元、神仏がすむ次元など、さまざまな次元があり、すべての存在が独自の波動をもつエネルギー体として存在しています。玄界はそうした多次元世界と人の境にある安全フィルターのような役目を果たします。

瞑想でこころを鎮め、無の境地から玄界に到達して留まることができるようになれば、意志や意識での力で働きかけることなく、人の心身魂に必要な叡智や癒しがテレパシーで高次元から得られます。真気の活性化で目覚めた内臓や細胞の叡智が、必要な情報やエネルギーを自然に引き寄せてくれるのです。

頭頂から光の分身が生まれる

道家気功では、修行の成果として徳を積めば仙人として不死の生命が得られるとされてきました。ソン博士によれば、「仙人になる」という意味は、肉体をもつ人間のまま不老不死になるという意味ではありません。心身魂の修行の成果として体内の気をすべて神気にアップグレードできれば、人間の根源的な姿である純粋な光体を自分の中から生み出すことができるということです。悟りがひらけた光の意識体は、因果応報の結果である地球の生物としての輪廻転生を卒業し、高次元で永遠に生き続けられるのです。

チベット仏教の「虹の身体」とよく似た概念ですが、チベット仏教では修行を積んだ人が死期を迎えると肉体がエネルギーに変換され、「虹の身体」になるとされています。一方、道家気功では、修行で気の生命エネルギーを自由自在に動かせるようになると、体内の気が錬丹術で光り輝く純粋な生命エネルギー体に昇華し、頭頂から飛び出し、不死の生命を得るとされています。

その過程は、普通は何年もかけてゆっくりと進みますが、人のからだの中で起こるとされる変化自体は、チベット仏教のトゥンモの修行で起こる変化との共通性があります。両者とも、下腹部から頭に光り輝く生命エネルギーが上昇するのです。

道教八仙のひとりに数えられる呂《りょ》洞賓《どうひん》が記したとされる瞑想の書『黄金の華の秘密』（C・G・ユング、リヒアルト・ヴィルヘム著、人文書院。『太乙金華宗旨』の訳書）には、その過程が詳しく記されています。

ソン博士の解説によれば、頭の真ん中には天の心＝天心があり、その中に泥丸宮《でいがんきゅう》があり、気功で心身を鍛錬すると、体内の丹田で腎臓からの水気が心臓からの神火で炊かれる錬丹術が始まります。その結果生まれる光のエネルギーが頭の中の天心に届くと、泥丸は黄金の華（金丹、光の真珠）に変わり、頭頂から飛び出すのです。

他の流派の気功では水晶宮とも呼ばれる天心は、現代の医学用語に照らせば脳の第三脳室周辺に当たります。第三脳室は左右の間脳に挟まれた空間で、脳脊髄液の通り道。左右に視床をつなぐ視床間橋も通り抜けています。その後方には松果体があります。松果体は人間の本質に関わる最も大事な器官ですから、頭蓋骨の真ん中で、まさに玉座で大事に守られているのです。

瞑想で頭の中の光を内観する

イーレン気功でも『黄金の華の秘密』を学びますが、その修行の初歩段階としては、体内の気の巡りが良くなり、しっかりと天と地とも気を交流させられるようにします。そうしているうちに、第三の目、頭の内なる松果体の目が開き、目を閉じて瞑想してい

道家気功では、修行を積むと光体の分身が頭頂から飛び出すとされている

ると、頭の中に眩しい光が内観できるようになります。

かなりの上級者になると、その光がしずくのように丹田に落ち、溜まり、光輝く生命エネルギーの珠玉になるのが体感できるようになります。ついには、光の珠玉が脊髄に沿った経絡を通して再び上昇するのが感じられるようにもなります。

実際、イーレン気功のクラスにはソン博士はもちろんのこと、瞑想中に濃厚な蜜のようなものが頭から体内に落ちるのを感じられるようになった人が何人かいます。言葉では表現しにくい快感があるそうです。

そこまで体験できるのは、かなり修練を積む必要がありますが、閉じた目で頭の中の光を内観ができるようになる人は少なくありません。瞑想しているうちに、頭の中でフラッシュのように光が炸裂したり、光の玉が見えたり、頭が光に満ちたように感じるのは、松果体につながる第三の目のチャクラのエネルギーのセンターが開いてきたからです。意識の波動が高まったことで、多次元への扉が開かれ、松果体の受光機能が異次元からの光に反応しているのだとも考えられます。

玄界で神仏の助けを借りる

そうした過程で先に述べた玄界に達すれば、五次元、六次元、それ以上の高次元にもアクセスすることができるようになります。ソン博士によれば、高次元には神仏、天使、かつては人間だった仙人や故人の意識体、植物や動物のスピリットなどがそれぞれに独自の波動で存在しています。人の波動が高まり、高次元の存在の波動の周波数と合えば、情報交換は可能になるのです。

ソン博士は、外気功でも多くの人を助けてきました。本来の外気功は、気功師が自分のエネルギーを使うのではなく、高次元からのエネルギーを媒介して患者に送ることで自己治癒を促進するものですが、ソン博士が外気功を行なう際には、さまざまな高次元の存在が姿を現すそうです。

ソン博士自身は道家気功の継承者なので、道教の神や仙人が現れることが多いのですが、頼みもしないのに聖母マリア、キリスト、ギリシャ神話の女神のアフロディーテなど多文化の神々が現れ、力を貸してくれることも少なくないそうです。

達人になれば、外気功中にも玄界を通して、患者に関わりの深い存在や、その時の癒やしに必要なエネルギーをもった存在から助けを得ることができるようになるのです。

心身を鍛えてから異次元と接触する

さて、気功など試したことがなくても生まれつきの資質で、またはさまざまな精神修行や化学物質やテクノロジーによる脳の刺激で、頭の中に光が見えるようになったり、異次元の存在と交信できるようになる人はたくさんいます。しかし注意しなければならないのは、異次元との接触には危険も伴うということです。

ラジオのスイッチをオンにしても、聞きたい局の周波数に合わせないと、他の局の音声や雑音が聞こえてきて、聞くに耐えなくなるのと同じで、やたらにチャンネルだけ開けてしまうのは危険です。知らないうちに低次元からの邪悪なエネルギーに乗っ取られると、いわゆる憑依された状態になってしまいます。心が歪んでいたり、精神を病んでいる人が、ひょんなことから超能力を得ると、本人にとって危険なだけではなく、社会にとっても有害です。

また、高次元からのエネルギーは波動が高いので、受け入れる心身にも準備が必要です。エレクトロニクス機器をしっかりアースしておかないと、雷などによる突然の電圧の変化で電気回路がショートしてしまうことがあるのは周知のとおりです。全身に気の生命エネルギーの回路が張り巡らされた人間の身体も同様で、高波動のエネルギーが流れ出すと心身の故障や消耗につながります。そうならないためには、ふだんから体内の気の巡りを良くし、天と地としっかりつながっている必要があるのです。

イーレン気功の仙人修行

気の生命エネルギーを生身の肉体に宿して地上で生きる私たちが、高次元からのエネルギーを受け入れ、活かせるようになるため、その高い波動に耐えられる心身づくりから始め、安全に異次元にアクセスする方法を学ぶことが賢明です。

そのために道教でもチベット仏教でも修験道でも、精神修行だけでなく身体の鍛錬を重要視しているわけで、修行の要項は安全に超人になるためのガイドラインなのです。

イーレン気功の場合には、修練は自分の手から出入りする生命エネルギーを感じられるようになることから始まります。そして、手から出るエネルギーで精気の貯蔵庫である腎臓を刺激し、人がもって生まれてきた根源的精神を目覚めさせます。

次に、天と地と人を結ぶ気の出入り口と体内の重要な気の集結地である丹田（下丹田）、命門、胸中（中丹田）、第三の目（印堂）、天心（上丹田）、冠中（百会《ひゃくえ》）、地門（会陰）を活性化させます。そこまでがウォームアップ、準備運動に当たります。それから段階を踏

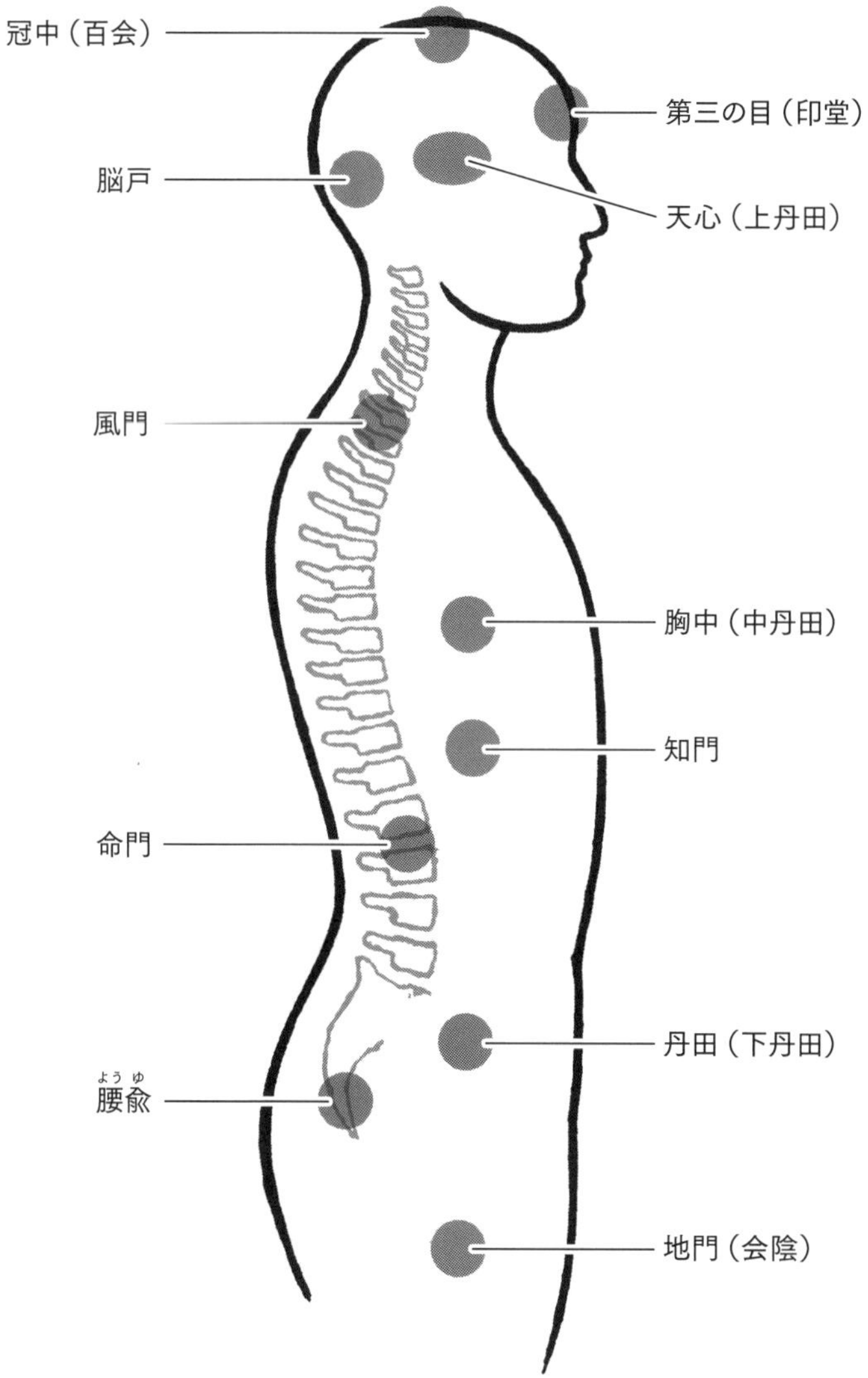
冠中（百会）
第三の目（印堂）
脳戸
天心（上丹田）
風門
胸中（中丹田）
知門
命門
丹田（下丹田）
腰兪《ようゆ》
地門（会陰）

んで、体内を巡る気のエネルギーの通り道である主要な経絡を刺激し、活性化させていきます。

基本的には、手による誘導と動作による導引法と瞑想法で、主要な内臓を結ぶ経絡の気の流れを良くするエクササイズを日課にします。

次に、人の体内で感情も処理している内臓の役割を学び、内臓にある気のエネルギーの過不足を調整したり、経絡の気の流れを操ることで、自分や他人からの感情や思惑に操られたり、心身のバランスを崩さない体力と精神力を養っていきます。

また、他人や周囲の気のエネルギーから心身を守る気のエネルギーの防護壁の作り方も学びます。そうした修練で高波動に耐える心身づくりのベースが整ってくると、玄界に留まり、癒しや叡智を得るために役立つさまざまな瞑想を学びます。

そして、最終的には気や精気を神気に昇華させ、光の真珠に凝縮する体内の錬丹術を完成させていくのです。

光の真珠がロケットの発射のように頭頂から発射されると、それは頭上で肉体をもたないその人の光の分身になります。そうした段階に達した人は、同時に離れた2カ所に存在することもできるようになるといわれています。

ソン博士にはすでに光の分身が存在しているという説もあります。博士自身には自分の分身がいる自覚はないようなのですが、同時に別の場所でソン博士を見たという報告がときおりあるのです。博士によれば、光の分身は本人が認識していないうちに生まれている可能性もあるのです。

《真気を活性化させる イーレン気功のエクササイズ》

(1) 肩幅に両足を開いて立ち(足先は前方に向ける)、緩めた膝だけを足の小指の方向に広げて地門を開き、心身をリラックスさせます。

(2) ゆっくり呼吸しながら、胸の前で両手を向かい合わせて開き、腕をゆっくり広げたり閉じたり

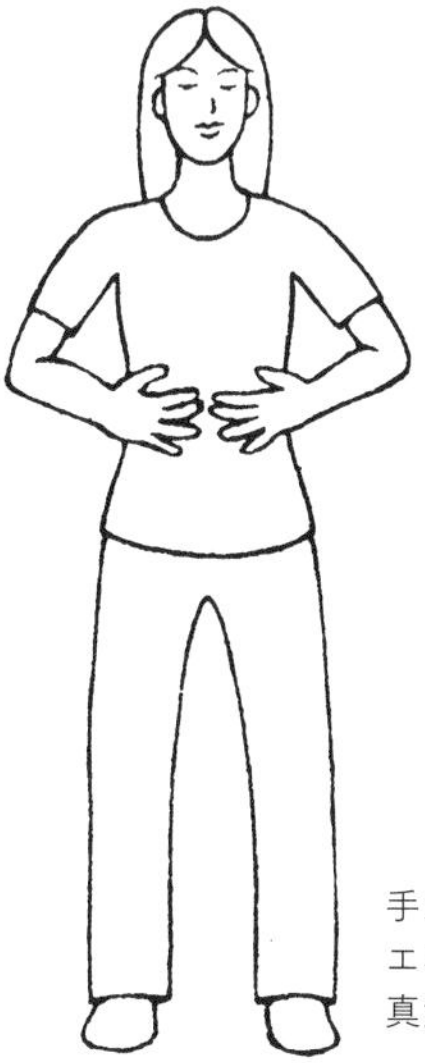

手から腎臓と命門にエネルギーを送り込み、真気を活性化させる

して、手の平の間を行き来する気の生命エネルギーを感じます。

（3）次に両手をおへその高さまで下げ、手の平をからだの方に向けます。

（4）息を吸いながら、両手から出るエネルギーを左右の腎臓とその中間にある気の出入り口に送り込むように意識しながら、両手をからだに近づけます。

（5）息を吐きながら、逆にからだから手にエネルギーを送るように意識しながら、両手をからだから遠ざけます。

（6）4と5を6回繰り返します。

（7）息を吸いながら、大地のエネルギーを引き上げるように意識しながら、両手をゆっくり腰の両側から頭上まで上げます。

（8）頭頂から天のエネルギーを受け入れるように意識し、息をゆっくり吐きながら両手を下に向け、からだの前で下腹部まで下げ、大地のエネルギーと天のエネルギーを丹田に送り込みます。

《天心（第三脳室）にエネルギーを与えるイーレン気功のエクササイズ》

（1）前述のエクセサイズで真気を目覚めさせます。

（2）ゆっくり呼吸しながら、胸の前で両手を向かい合わせて開き、腕をゆっくり広げたり閉じたりして、手の平の間を行き来する気の生命エネルギーを感じます。

（3）両手の平を上に向け息を吸いながら、両手の平の真ん中にある気の出入り口から、額の真ん中、第三の目のチャクラにエネルギーを送るように意識します。

（4）息を吐きながら、額の真ん中、第三の目のチャクラから両手の平にエネルギーを送るように意識します。

（5）両手と額の間に流れるエネルギーが感じられるようになるよう、3と4を最低6回繰り返します。

手から第三の目を通して
脳にエネルギーを送り、
松果体を活性化させる

《ピースフル・マインド瞑想》

（1）前述のエクササイズで真気と天心を目覚めさせます。

（2）両手とも人差し指の爪先を親指の根元につけ、中指と親指の爪先を合わせ、天心のムードラ（印）を組みます。

（3）胃の高さで、両手を下に向けます。

（4）息を吸いながら、知門を意識しながら、両手をからだに近づけます。

（5）両手をからだから遠ざけ、人の思念が溜まる知門から雑念が腕を伝わり、親指の根元から体外に排出されるよう意識しながら息を吐きます。

（6）4と5を6回繰り返します。

（7）意識を知門に置いて、印を組んだまま両腕を胃の高さに留め、肩と腕の力を抜き、頭もこころも空《から》にして瞑想します。

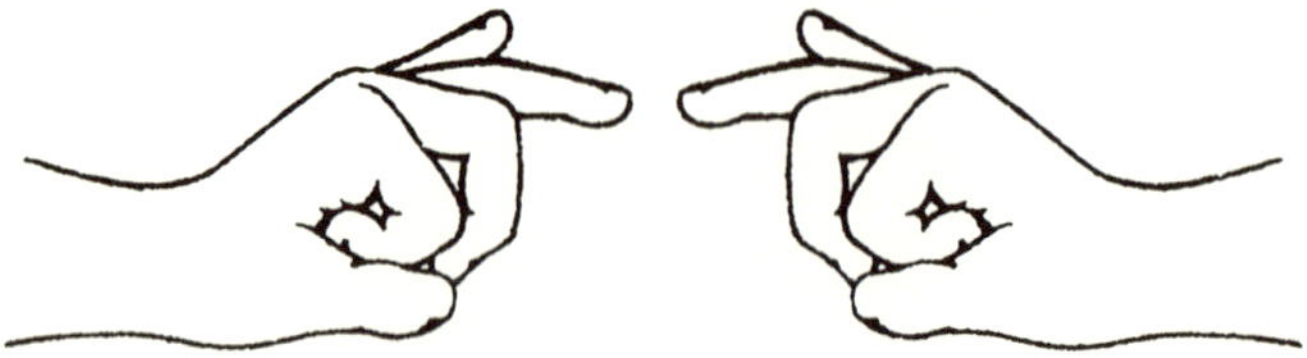

ピースフル・マインド瞑想で組む手の印。
頭も心も空《から》にし、邪気から身を守るのに役立つ

ピースフル・マインド瞑想。背筋を伸ばして、おへそから胃の高さで腕を宙に浮かせて印を組む

第8章 松果体の神秘

古代から注目されてきた松果体

松ぼっくりのような形をしていることからその名がついた松果体は、実際には豆粒ほどの大きさしかありません。そのためか西洋医学では、盲腸のように不要になった器官の痕跡だろうと軽視されてきました。しかし、歴史を振り返ると、松果体は人間の本質に関わる重要な要素とみられていたようです。

古代エジプトのシンボルとされる太陽神「ホルス」の目は、人の脳の第三脳室を象徴したものだともみられています。古代エジプト人は第三脳室の重要性を認識していたの

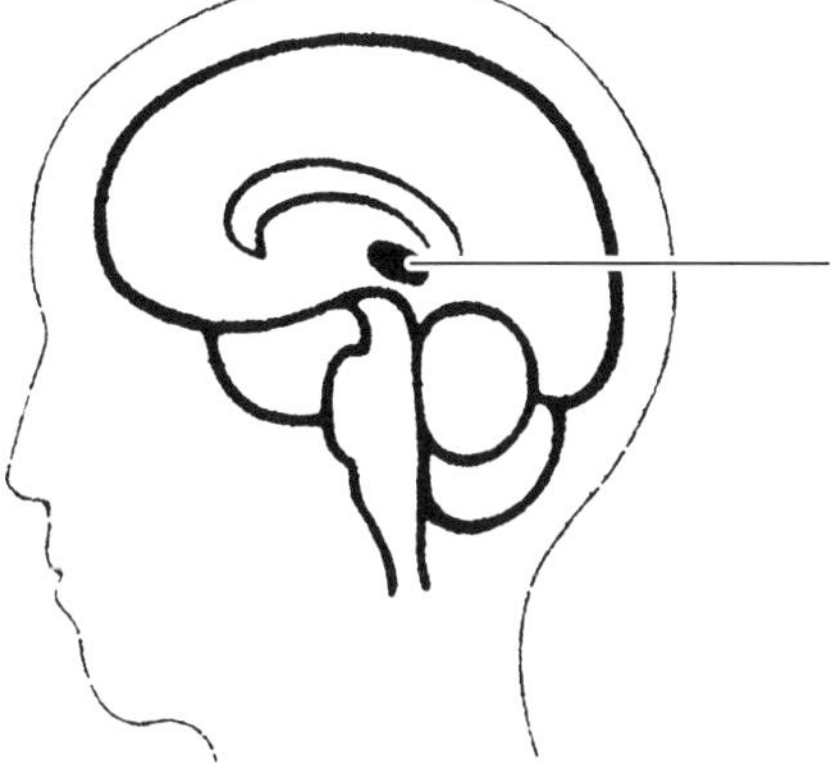
松果体
松果体は頭の真ん中で
しっかり守られている

（略図であり、脳の部位の正確な構造や形状を示すものではありません）

かもしれません。

16～17世紀に生きたフランスの哲学者で「我思う、ゆえに我あり」という言葉で知られるデカルトも、松果体の存在に注目していたとされています。

この世界には物質的実体とは別に霊魂や自我、精神、意識などと呼ばれる能動性をもった心的実体があるとする「実体二元論」を主張したデカルトは、物質と精神が相互作用する場所として、松果体を「魂の座、直感の座」とも呼んでいました。

20世紀に入ってからは、フランスの哲学者、ジョルジュ・バタイユが「松果体は不可視の世界を見るためにある」と考察していました。

先に紹介した道家気功の瞑想法の書『黄金

の華の秘密』は中国人にとっても難解な書物のようですが、宗教学者で中国に住んだリチャード・ウィルヘルムにより1929年にドイツ語に翻訳され、西欧に紹介されています。カール・ユングがその序文を書いたところをみると、20世紀の精神分析学を代表する精神科医で、集合的無意識の存在を提唱したユングも松果体の役割に関心をもっていたようです。

気功で精神の分子の分泌を助ける

松果体に関しては、ニューメキシコ大学医学部の精神科医であるリック・ストラスマン博士が発表した仮説が大きな反響を呼びました。精神の分子、魂の分子とも呼ばれる化学物質、ＤＭＴ（ジメチルトリプタミン）が人の松果体からも分泌されている可能性があるというのです。

ＤＭＴは、南米のシャーマンが異次元へのアクセスに使うアヤワスカという植物の主成分として知られるようになった物質です。異次元へのトリップをもたらすことから

「幻覚剤」というレッテルを貼られていますが、先住民の社会ではアヤワスカは精神世界への導き役となってくれる聖なる植物のスピリットとして尊重されています。

松果体から実際にＤＭＴが分泌されているのなら、『黄金の華の秘密』が伝え、イーレン気功の気功師が実際に体験している蜜の雫《しずく》はＤＭＴのことである可能性が高いのです。脳の第三脳室は脊髄につながっていることから、松果体で分泌されたＤＭＴが脊髄を伝わって腰髄まで流れることは十分に考えられるからです。自分の体内で起こる微細な変化に敏感になった気功の達人は、ＤＭＴの雫が脳髄から脊髄を伝わる流れを感知することができるのかもしれません。

松果体は本当に水晶宮だった

松果体が人類の進化の過程の残存物ではなく、人の精神状態と健康にとって重要な役割を担っていることが分かったのは１９６０年代に入ってからでした。人の睡眠に大きな影響をもつ概日リズムを制御する化学物質のメラトニンを、松果体が分泌していることが確認されたのです。

近年、松果体には光の受容体としての機能もあることが分かりましたが、頭蓋骨に守られて外界からの光は入らないはずの脳の真ん中に、なぜ受光機能が必要なのか。科学者にとっては松果体の謎はかえって深まりました。

２００２年には松果体の中から長さ20マイクロメートル（マイクロメートルとは千分の１ミリ）ほどの小さなクリスタルが発見され、大きな話題となりました。以前から観察されていたヒドロキシアパタイトの結石とは異なり、四角柱、六角柱、円柱形など形はさまざまで、先が尖り、表面はザラザラしています。成分を分析してみると、カルシウム、カーボンと酸素だけで出来ていました。

さらに、２０１７年には人の脳でバイオフォトンと呼ばれる微細な光が生まれ、超高速の通信も行なわれているという研究結果も発表されました。

１本のニューロンだけで１分間に10億を超えるバイオフォトンが行き来する、いわば超高速の光ファイバー情報通信網が脳や身体中に張り巡らされているらしいのです。

頭の中には水晶宮があり、それは身体に張り巡らされた気のエネルギーの情報通信網とつながっているとする、道家気功の身体学の科学性が証明されたわけです。

松果体を曇らせる現代生活

人の松果体は、生まれた時にはグリーンピースほどの大きさですが、なぜか成長するに従って縮小し、しかもカルサイト（方解石）が蓄積して石灰化しがちであることも現代の脳科学者により指摘されています。

縮小の理由や原因は明らかになっていませんが、石灰化は自然にそうなるようにできているのではなく、現代人の生き方がもたらす病変で、松果体の石灰化の進行は認知症とも関連づけられています。

しかし、脳には可塑性と呼ばれる変われる力があり、松果体の石灰化もその低減や予防も可能であるとされています。松果体を石灰化させる要因のいくつかも分かっているからです。松果体の石灰化を予防する方法としては、まずフッ素の摂取を避けることが奨励されています。

米国ではフッ素は虫歯の予防効果があるとして歯磨きなどに含有されているだけでな

く、水道水にも添加されています。しかし、フッ素の摂取とアルツハイマー病の関連を調べた医学研究の結果によれば、フッ素には松果体の石灰化を促進させる危険があるのです。日常生活でも、注意すればフッ素の摂取は減らすことができます。水道水にフッ素が添加されている場合でも、浄水器を通せばフッ素は除去できます。また、歯磨きは成分をしっかりチェックして、成分にフッ素が含まれていないものを選べば良いのです。

ふだんの食生活を全般的に改善することで、脳全体の健康を改善することも大切です。なるべく加工食品を避ける、添加物、着色料、保存料などで化学合成物質が付加されていない食品を選ぶ、遺伝子改良食物は避けるようにします。生鮮食品も農薬や放射能汚染のない生鮮食品を選ぶようにしましょう。

現代人が脳の本来の健康を取り戻し、ノンデュアリティの悟りを得られやすくするために必要な過程は、医療人類学者で南米のシャーマニズム研究の第一人者として著名なアルベルト・ビロルド博士が新著『ワン・スピリット・メディスン』（ナチュラルスピリット社）で詳細に述べています。長年のジャングルでの研究生活で寄生虫などに感染して脳炎を起こし、正気を失いかけ、死の淵にあったビロルド博士自身の闘病を助けた、脳に良い食べ物やサプリの情報も多いので良い参考になります。

《松果体の健康を助ける食生活》

(1) クロレラ、スピルリーナや青汁など：ビタミン、ミネラル、抗酸化物質とクロロフィルに富む緑色の食べ物は健康を増進させるスーパーフードで、内臓のデトックス効果にも優れているとされます。

(2) ほうれん草、ブロッコリー、海藻、魚などからヨウ素を摂取しましょう。フッ素と分子構造が似ているので、体内に必要な栄養素としてヨウ素が不足すると、その代わりにフッ素が取り込まれてしまうからです。

(3) オレガノオイル：抗菌作用が高く、体内の組織を有害な微生物の攻撃から守ってくれます。

(4) アップルサイダービネガー：人体から有害なアルミニウムや重金属を排出させるデトックス効果が高いリンゴ酸が多く含まれています。

(5) ビーツ、ビーツジュース：カルシウムの摂取のバランスを良くし、金属その他の排出に役立つボロンという成分が豊富です。

(6) ターメリック（ウコン）：消炎効果とデトックス効果が高いスパイスで、睡眠の質を高めるともいわれます。

（7）ココナッツオイル：肝臓でケトンに変わる中鎖脂肪酸トリグリセリドで、脳に良いオイルとされています。

（8）レモン水：毎朝、空腹時にレモン水を飲むとデトックス効果が高いとされています。

（9）クルミ：ネイティブ・アメリカンのメディスンでは、人体の臓器に似た形の植物はその臓器の健康を助けるとされていますが、まさに脳を彷彿させる形をしているのがクルミです。松果体でも生成される天然のメラトニンを含んでいます。

《松果体の活動を活発にする方法》

舌を口腔の天井につけて瞑想しましょう

インドのヨガでもチベット仏教でも道家気功でも、瞑想中で舌を口腔の天井につけることで、天への扉が開きやすくなるとされてきました。舌を口腔の天井につけることによる物理的な刺激と化学的な反応で、松果体と脳下垂体が活性化できるのです。

頭を軽く、トントンと叩きましょう

額の真ん中の眉の間、頭頂部から後頭部を指先で軽く、トントンと叩いていきます。指から直接脳に伝わる物理的な波動で、松果体を刺激するのです。

真っ暗な環境で眠りましょう

松果体は暗闇で活性化されます。最近になって、人体でも目だけでなくからだ中に光の受容体があることが発見されました。からだが光を感知すると、その信号は脳の中の視交叉上の神経突起に送られますが、その情報を受けると松果体は睡眠のリズムをコントロールするために必要な脳内化学物質であるメラトニンの分泌をストップさせてしまうことが判明したのです。睡眠中に充分なメラトニンを分泌させるためには、真っ暗な空間で眠る方がいいのです。

窓の外からの光はもとより、寝室にある携帯電話や目覚まし時計などの小さな光源も、松果体が行なうメラトニンの分泌を阻害することになります。なるべくベッドで寝た時にそうした光源にさらされないようにしましょう。

太陽の光を浴びましょう

松果体にある光の受容体は、網膜から反射される光で活性化することが分かっています。つまり、目から太陽の光を取り込むことで松果体は活性化されるのです。

毎日、短時間でも太陽の光に触れる時間を確保するようにしましょう。日中の太陽の光は強すぎて裸眼で見ようとすると目を痛めてしまいますが、早朝の日の出や日暮れの弱い陽光なら直接見ることもできるでしょう。

空海（弘法大師）は高知の室戸岬の洞窟で、早朝に明けの明星が口の中に飛び込み、悟りをひらいたとされています。道家気功でもヨガでもチベット仏教でも、口腔の天井には松果体に通じる扉があるとみていることを考えれば、私の想像では空海も真っ暗な洞窟で夜を明かした後に日の出の太陽を浴びたことで、松果体が活性化され、異次元からの光を内観できたのかもしれません。

有害な電磁波の影響を受けないようにしましょう

鳥やその他の動物では、松果体は磁場をモニターして空間における自分の位置を確認するナビ役を果たしていることが分かっています。携帯電話やコンピュータ、その他の電子機器や屋外の通信タワーなどからの電磁波が、人の脳にも影響していることを示唆する研究は数多く発表されています。携帯電話は身に着けない、耳につけずにスピーカーフォンで喋る、眠る時には枕元に置かないなど、なるべく電磁波の影響を受けない暮らしを心がけましょう。

よく笑いましょう

微笑んだり笑うことで、ハートと頭のチャクラがオープンになります。またストレスを軽減し、心身をリラックスさせるので気の流れも良くなります。さらには快感をもたらすエンドルフィンといったホルモンの生成も刺激し、松果体を活性化できます。

ハートのチャクラを活性化させましょう

ハートの鼓動のリズムを規則正しくすることで、脳はより良く活動できるようになります。そのためには愛や慈愛、思いやり、感謝の気持ちを抱くことが大切です。

前述のハートマスの脳トレ法（68ページ参照）を毎日実践して、ハートと脳が仲良く協調できるようにしましょう。

第9章 脳科学者が考える悟りと超能力

宗教の奇跡と超能力の関係

海洋を真っ二つに割り、水を引かせたモーゼ。手をかざしただけで人を癒し、水の上を歩き、ひとつのパンを一瞬にして大量のパンに増やし、愛弟子が自分を裏切る未来を予知したキリスト。祈りで雨を降らせ、天にも旅したモハメッド。超高速で何日間も走り続けられ、通常なら数カ月かかる旅路を数日で成し遂げることができたチベットの伝説の行者、ミラレパ。虚空の宙から宝石やさまざまな物体を取り出してみせたサイババ。ジャガーに変身して、黄泉の世界を旅するアンデスのシャーマン。瞑想中に宙に浮遊しだすヨーガ行者。

日本でも、鬼を改心させ従者にし、まさに神出鬼没だったとされる役行者《えんのぎょうじゃ》、水脈や鉱脈を感知し、さまざまな奇跡の逸話でも知られる空海など、実在の人物ながら超人的な資質をもっていたと考えられている人たちがいます。

振り返ってみれば、信じる神仏の違いを問わず、宗教の世界では、さまざまな超常現象や「奇跡」がつきものです。超常現象を起こす人は、神仏の恵みを得た人、または修行の成果として「神通力」を得た人として崇拝されてきたのです。

世界の先住民の社会に目を向ければ、癒しや未来の予知といった超能力を発揮する人々が必ずいて、社会のリーダー、医師として活躍しています。そうした人々がもつ超人的な能力は、必ずしも生まれつきの資質とは限らず、厳しい修行を経てそうした超能力を修得する場合も少なくないようです。いずれにしても、現実の物質世界の限界を超えて、異次元から叡智を得られる超能力を備えた人々は、先住民の社会では人と社会を健全に保つために欠かせない存在として認められ、尊重されてきました。

先進国の社会でも1960年代頃から「ニューエイジ」が到来し、瞑想や精神修行に励む人たちが出てきました。そうしているうちに、未来が予知できるようになった、他人の考えていることが分かるようになった、肉眼では見えないものが見えるようになった、意志の力だけで物を動かせるようになった、手をかざすだけで他人の病気や怪我を癒せるようになった、そういう人たちも急増した感があります。

物理学者を惑わせる神秘なミクロの世界

そうした現象は長い間、科学者からは目をそむけられてきました。超能力や超常現象は17世紀以降、物理学の基盤となってきたニュートン力学の法則には当てはまらなかったからです。

しかし、20世紀に入ってミクロの世界の物理に注目する量子力学が発達しだすと、物理学の法則ではありえないはずの不思議な現象が起きていることが明らかになりました。

物質を成さないほど微細な量子のレベルの世界では、すべての粒子が物質であると同時に物質を成さない波動でもあったのです。しかも、それは物質なのか波動なのかは観察するまで確定しないようでした。また、２つの量子の１つに刺激を与えて変化を起こさせると、まるでテレパシーで通じたように離れたところにあるもう1つも同じように振る舞うのです。

そうした現象の理論づけとして「不確定性原理」、「量子もつれ」、「統一理論」、「パイロット・ウエーブ理論」などといった新たな物理の法則の仮説が発表されました。しかし、完璧な説明にはなっておらず、「神はサイコロなど振らない！」、「誰も見ていなければ月は存在しないのか？」、「離れたところでは気味の悪いことが起こる」などとアインシュタインをいらだたせました。

それ以降、今に至るまでさまざまな論争、実験、新たな発見、新たな仮説の登場が続き、天文学者や哲学者、宗教学者も交えて、世界の成り立ちの真相をなんとか解明しようとしているのです。

物理学者が苦しまぎれに捻り出した「量子の世界で起きる現象は、物質世界には当てはまらない」という仮説も近年になって覆されています。「量子もつれ」といった現象は、私たちが「現実」としてとらえている物質の間でも起こることが実験で確認されたからです。

ワンネスも説明できる統一宇宙論

そうしたなかで、テレパシーや念力、遠隔ヒーリングといった現象に対しての科学者の見方も変わってきました。超常現象や超能力を現実視して研究することで、人類の永遠の謎とされてきた、生命や宇宙の存在についての理解を深める糸口もつかめるかもしれないからです。

こうしたことから、かつてはオカルトとか超心理学として異端視されていた超常現象や超能力の研究は、「意識の科学」としてノーベル賞級の学者もその論議や理論づくりに参加する21世紀の先端研究の課題になっています。

たとえば、２０１７年に発表された新たな統一宇宙論も注目を集めています。理論物理学の鬼才として知られるナシーム・ハラメインが、ミクロの世界から広大な宇宙に至るまで自然の世界に共通する渦巻き構造に注目し、宇宙の構造を数学的にも証明できると提唱しているのです。

ホログラムとフラクタルをかけあわせ「ホロフラクトグラフィック宇宙論」とされたその理論によれば、1点のビッグバンから出現した宇宙は1つの統一フィールドで出来ていて、その存在のすべては原子レベルでつながっています。人も原子で出来ているので、その原子のレベルでは宇宙と一体になっているのです。したがって、瞑想などで自分の内なる世界、原子のレベルに意識を向ければ、宇宙との一体感が感じられるし、宇宙のすべての存在にもアクセスできるというわけです。ハラメインによれば、この理論であれば私たちが感じるワンネスの感覚も超能力も、また宗教で語られてきた奇跡や悟りもすべて説明がつくのです。

悟りと超能力の関係

米国で超常現象や超能力をタブー視せず、意識の科学として研究をリードしてきた功績で知られるのはノエティック・サイエンス研究所。元NASA（アメリカ航空宇宙局）の宇宙飛行士で、宇宙飛行中に超常現象を自ら体験し、人や宇宙の存在の謎の解明を希求したエドガー・ミッチェルが創設した研究所です。

その主任研究員で超能力研究の第一人者として知られる心理学者のディーン・ラディン博士が最近、注目しているのは「悟り」と超能力の関係です。宗教の世界でしばしば起こる奇跡や神通力をもつ聖人の登場は、「悟り」をひらくために行なった修行の結果、人の脳やからだが進化したことで得られるご利益なのではないかと博士は考えているのです。

ラディン博士によれば、それは博士の独自の発想ではありません。実は4～5世紀頃にヒンズー教の哲学者、パタンジャリが編纂したヨーガの教典で、いわゆるヨガの修行の原点になったとされる『ヨーガ・スートラ』に次のように記されているのです。

「静かに座り、自分の心に注目する、という修行を忍耐強く続けていれば、超常的な能力が得られる」

『ヨーガ・スートラ』によれば、修行を積めば次のような超能力が得られます。
- 自分の心身をコントロールする超常的な能力
- 裸眼では見えないものを見通せる、透視力

・触れずにそう望むだけで物に影響を与える、念力
・すべての生き物が発する音の意味が理解できる、第3の耳
・自分の前世を思い出し、生まれ変わった後の未来世を知ることができる
・透明人間になれる
・自分や他人の誕生、負傷、死などを予知できるようになる
・すべての存在に対して慈愛の精神をもてるようになる
・物に与える超常的な力
・宇宙に関する知識が得られる
・自己治癒力がつく
・おなかが空いたり、のどが乾くことがなくなる
・心身が安定し、調和し、健康も絶頂になる
・高次元の存在が見えるようになる
・全知全能になる
・他人に影響を与えられるようになる
・宙に浮き上がれるようになる

・光輝くようになる
・離れた場所の音声が聞こえる、透聴力
・体外離脱できるようになる
・お天気など、自然の要素を操れるようになる
・完璧な身体になる
・肉体がいらない生命エネルギー体として生きられるようになる

インドではヨーガの修練で超能力を発揮するようになったとされる聖者の逸話が尽きないことを見ても、『ヨーガ・スートラ』の教えは科学的な検証に値するのではないか、とディーン博士はみているのです。

悟りとノンデュアリティ

そもそも、「悟りをひらく」とはどういうことなのでしょう？　辞書によれば「物事

の真の意味を知ること。仏教では迷妄を払い去って生死を超えた永遠の真理を会得すること」となっています。では、その永遠の真理とは？

お釈迦様は菩提樹の下で瞑想を続けた末に、ふだん私たちが確固として動かぬ事実、現実として信じている物やことや関係は、すべて一過性のまぼろしのようなものに過ぎないことを悟ったとされています。

時間や空間の隔たりも、人と人、人と神仏、人と自然を隔てる境も実際には存在せず、すべての存在がすべてを含む全体の一部にすぎないという、ノンデュアリティこそが真理だというものです。

ノンデュアリティが真理ならば、心とからだ、意識と物質、自分と他者、幻想と現実、精神世界と物質世界、頭の中の世界とからだの外の世界、はじめとおわり、生者と死者、善と悪といった二元性も幻想に過ぎないことになります。

それは、人が生きる現実の世界と神様が住む天国を分け隔てて考える一神教のキリスト教やユダヤ教がベースにある西欧の一般社会では、受け入れられがたい概念だといえるでしょう。

しかし、人のからだもどんなに堅固に見える固体の物質も、構造をミクロ以下の微細なレベルまで見ていくと、90％は空《くう》であることはすでに科学の常識となっています。また、宇宙のすべてが一つのビッグバンによって生まれたのだとすれば、宇宙のすべての存在は関わりあい、つながっていることも理に叶います。そうしたことから、今では一般大衆より先端の科学者の方がノンデュアリティという概念への抵抗は少ないようです。

理論物理学や宇宙物理学の著名な学者たちのなかにも、仏教の特殊な宗教観とされてきた色即是空や、ネイティブ・アメリカンの人たちが信条とする「ミタケオアシン＝すべては関わりあっている」という宇宙観に着目し、宗教家や哲学者との交流や対話を積極的にし、仏教の修行や瞑想を実践し始める人が増えています。

そんななかで、主に宗教の世界の概念だった「悟り」も「ノンデュアリティの認識」と言い換えられ、科学的な研究テーマとなっています。

脳科学者の「小さな悟り」

先に瞑想者の脳の研究者として紹介したアンドリュー・ニューバーグ博士は、瞑想や宗教儀式と脳の関係を20年間にわたって研究してきた結果として、特定の宗教の修行を経なくても悟りをひらくことはできる、と主張しています。

子どもの頃から、人や宇宙の存在の真理を知りたいと思い続けていたというニューバーグ博士は、大学の医学部で脳について深く学んでもその答えが得られませんでした。そこで宗教に関心をもち、大学卒業後、半年間、毎日瞑想を続けているうちに、ある日、不思議な神秘的体験をしました。「この世界には、答えなどない。この世界は無限の問いで出来ているのだ」と突然、ひらめいたのです。

そのひらめきと同時に、それまで感じたことがなかった至福感、解放感に満たされたニューバーグ博士は、自分が一瞬の間だけ悟りをひらいたのだと感じました。いわば、「小さな悟り」、日本では小悟、一瞥体験と呼ばれているものです。

博士の「小さな悟り」体験は、博士だけに起きた特別な体験ではなく、瞑想しなければ体験できないものでもなく、実際には多くの人が日常生活の中で遭遇している体験だとニューバーグ博士はみています。

ずっと思い悩んでいたことに、ある時、思いがけない解決策を思いつく。想像もしなかったアイデアを思いつく。何かに突然、合点がいく。頭だけでなく心の底から、何かを悟る。突然、世界のすべてが明るく輝き出したように感じる。すべての存在への愛おしさ、慈愛、感謝の気持ちに満たされる。ニューバーグ博士によれば、そうした体験も小さな悟り体験です。スポーツや音楽の演奏、または仕事や作業に没頭して、時の感覚も自我意識もなくなるフロー体験中にも「小さな悟り」は得られやすいようです。

「ピーク体験」と「小さな悟り」の関係

ニューバーグ博士が発見した「小さな悟り体験」は、１９６０年代にブランデイス大学（米国マサチューセッツ州）の心理学教授だったアブラハム・マズロー博士が「ピーク体験」と呼び、研究に熱中していた現象と、同一か類似した現象のようです。

マズロー博士は、「突然、気づきが起こり、強烈な快感、絶頂感を感じた」という学生の体験談に興味を覚え、他の学生や教授仲間に聞いてみると、そうした体験がある人は少なくないことを知り、研究を始めました。普通の日常生活の中で起きる、そうしたつかの間の体験が、世界の宗教で語られる神秘体験によく似ていると考えたのです。

マズロー博士はそれを「ピーク体験」と名づけ、体験談を数多く集め、どんな人、どんな時に起こりやすいのか、ピーク体験にはどんな共通項があるのかといった研究に熱中しました。

マズロー博士の研究によれば、ピーク体験が起きるタイミングは、通りで太陽の光を浴びながらバスを待っている間、ラジオから流れてきた懐かしい音楽に耳を傾けていた時、家族のために食事の支度をしている最中などさまざまです。

体験したことがある人のタイプをみると、ピーク体験は感情的にバランスがとれ、健康な人に起こりやすく、一度体験した後には頻繁に体験できるようになる場合もあります。また若い人では、瞬間的に強烈な快感を伴う絶頂体験が多い一方、高齢者の場合は比較的穏やかで、より長い間、心の平安が続くことが多いことも分かりました。そこでマズロー博士は高齢者に起こりがちな、より穏やかな体験はピーク体験とは分けて、「プラトー（高原）体験」と名づけました。

そうした研究結果をもとに、マズロー博士はプラトー体験を導くためのエクササイズの開発に乗り出しましたが、残念なことにそれからまもなく、１９７０年に心臓発作で亡くなってしまいました。

プラトー体験を誘発するため役立つとして勧められたエクササイズとは、集中力を総動員して小さな花を一心に見つめる、その人が近い将来に死んでしまうと想像しながら家族や友人を一心に見つめる、といったものでした。

周囲の状況や他人に対する退屈で習慣的な見方をいったんストップすると、新たな視野が開け、より新鮮で喜びに満ちた体験として世界を見直すことができる、とマズロー博士は考えていたようです。

悟りが脳に与える影響

小さな悟り体験は一瞬のうちに終わってしまう突発的な現象ですが、その時の脳の状態が維持できれば、古代から宗教や瞑想の究極の目的とされていた「本物の大きな悟り」もひらけるはずだ、とニューバーグ博士は考えています。

ニューバーグ博士は次の5つの要素を満たすのが、本物の大きな悟りだとしています。

- すべては関わりあっている、と感じる一体感
- 強烈な体験であること
- 物事の本質や真理を理解できたという極めてクリアーな感覚
- 100%受け入れられる悟りであること
- 人生観や信条がまったく変わってしまう体験であること

人がそうした悟りの境地に達した時に脳がどんな状態を示すのかは、ある程度、解明できています。さまざまな瞑想法や宗教儀式の最中に脳に起きる変化を、fMRIといった磁気共鳴診断装置で脳をスキャンして観察、比較できるからです。

ニューバーグ博士の実験結果では、瞑想中には脳の活動に目に見える変化が起きることは確かでした。また、瞑想といってもその仕方が異なれば、結果として脳の中で動きが活発になる部位、活動が抑制される部位も異なることが分かりました。

さらに、静坐して行なうだけの瞑想と、瞑想に他の活動も伴う宗教儀式では、脳に起こる変化に大きな違いがあることをニューバーグ博士は発見しました。

宗教儀式で信者の意識が高揚すると、自我意識を失ったようになり、現実を忘れ、神

様との一体感を得られることがあります。そのような状態にある人には、瞑想だけの場合とは異なる、特殊な脳の活動の二次的変化がみられたのです。興味深いことには、脳の状態がどう変化するかは宗教の違いには関わらず共通でした。

特殊な宗教儀式で起こる特殊な脳の変化

ニューバーグ博士がまず宗教儀式として関心をもったのは、キリスト教ペンテコスタル派のミサでした。ペンテコスタル派のミサでは信者がゴスペルを歌いながら踊っているうちに、トランス状態になって異言と呼ばれる意味不明の言葉を喋りだし、神様との一体感や至福感を味わうことで知られているからです。

そこで、博士がペンテコスタル派の信者の脳の活動を観察したところ、彼らが歌い踊り始めると、脳の前頭葉の活動が活発になりました。しかし、意外なことに彼らが異言を喋りだすと突如、前頭葉の活動は止まりました。その間に信者たちの意識は変容していました。いわゆるトランス状態になり、人間より大きな存在、聖霊のいる世界との一体感を得て、癒しとトラスフォメーションの恵みを与えられたと感じていたのです。

ニューバーグ博士は、ズィクルと呼ばれるイスラム教神秘主義のスーフィズムの伝統儀式の参加者の脳も調べました。動く瞑想とも呼ばれるズィクルの儀式では、信者は円になって座り、特定の規則的な動きをしながら、マントラや神の名前をみんなで声に出して唱え続けます。

この儀式に参加した人は次第に現実感を失い、トランスに近い状態になります。なかには臨死体験のように、自分の意識がからだの外に出たように感じる人もいます。

博士によれば、ズィクルの場合にも、信者の脳の中では前頭葉の活動がいったん活発になった後に急低下していました。つまり、信じる神様や行動の内容は異なるものの、スーフィズムの儀式でも、キリスト教ペンテコスタル派の人々が体験するのと同じ脳の変化のパターンが観察できたのです。

他にも同様の脳の変化を引き起こす宗教儀式は少なくありませんでした。共通点は、人の脳の中で前頭葉の活動がなくなると、論理的な思考が止まり、意識が変容し、日常とは異なる体験が始まることでした。

ニューバーグ博士は宗教儀式だけではなく、超常現象を起こしている最中のいわゆる超能力者の脳の活動にも研究の範囲を広げました。

異次元の存在と交信できる超能力者で、ミディアムとか霊媒師と呼ばれる人たちが異次元から受け取ったメッセージを高速で書き記していく、いわゆる自動書記を行なっている最中の脳を調べたのです。

実験に参加したミディアムたちは、少しの間、瞑想やお祈りをした後に、手にペンを取りました。そのまましばらく待つと、異次元の存在から情報が届き始めたようで猛烈な勢いで何かを書き出しました。

その間のミディアムたちの脳の中に起こる変化をみたところ、ベテランのミディアムが実際に自動書記を始めると、ペンテコスタル派の信者がミサで異言を喋り始めた時と同様に、前頭葉の活動が急低下しました。さらに興味深いことに、筆記という言語活動の最中であるにも関わらず、言語を司る脳の部位である側頭葉の活動が急低下していました。

こうした一見矛盾した脳の変化について、ニューバーグ博士は自動書記の最中には通常のコミュニケーションを司る脳の部位は乗っ取られ、機能できなくなるのだろうと考えています。飛行機を乗っ取られた操縦士が飛行機を操縦できなくなるのと同じような

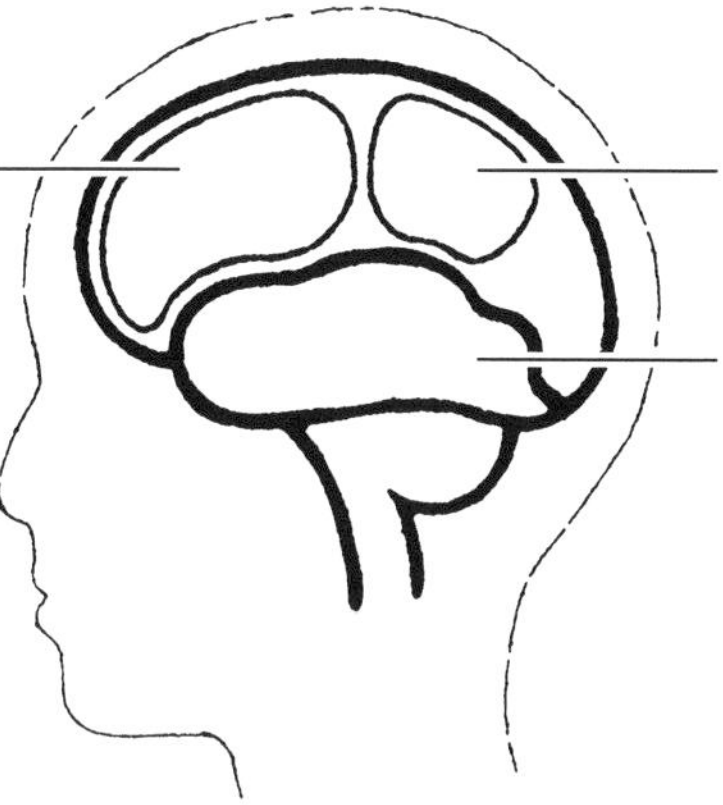

（略図であり、脳の部位の正確な構造や形状を示すものではありません）

ものです。

博士によれば、瞑想の最中にも脳の頭頂葉の活動が低下し、人の意識が変容することはあります。脳の頭頂葉の活動が低下している時に、人は宇宙との一体感を痛烈に感じることも分かっています。

仏教徒はそれを「純粋な意識と一体になった」と言い、キリスト教フランシスコ派の尼僧は「キリストや神とつながった一体感」と表現しますが、変化がみられる脳の部位は共に同じです。

脳科学者が考える悟りへの早道

古来、悟りへの道は宗教や瞑想でひらかれると信じられてきましたが、最新の脳科学の知識を生かせば、宗教に帰依しなくても長年にわたる瞑想修行を経なくても、人はより効果的により早く悟りをひらくことができる、とニューバーグ博士は考えています。これまでの研究結果がより効果的な悟りへの早道を示唆しているというのです。

瞑想者の脳の変化の実験結果をみる限り、仏教徒でもキリスト教徒でも無宗教のベテラン瞑想者の場合でも、通常50分から1時間は瞑想を続けないと、脳の頭頂葉の活動は低下しません。ところが、異言を喋りだすペンテコスタル派の信者や自動書記を行なうミディアムの場合にはほんの数分で、いったん活発になった脳の頭頂葉の活動が急低下し、平常の意識の状態から変容意識に移行しているのです。

これは、どういうことを意味するのでしょうか？　日常生活と異なる行動をとると、脳の中の神経回路で続いていたいつものパターンの情報伝達が中断されるので、その直後には短時間でより深い瞑想状態に到達できるのではないか、というのがニューバーグ博士の推察です。

ふだんの生活の続きとして瞑想するよりは、ふだんとは異なる行動をとってから瞑想を試みれば、瞑想に慣れない人でも深い瞑想に入りやすく、したがって悟りもひらきやすくなるというわけです。

からだを前後に揺すりながら一心に祈る姿は、仏教の僧にも伝統派のユダヤ教徒にも見受けられます。こうした祈りのスタイルも、科学的な分析を経ずとも何世代にもわたる体験の蓄積から、早く悟りの境地に達する術を学び、それが伝統として受け継がれてきた結果なのかもしれません。

宗教に入信せずとも悟りをひらくことはできるはずですが、心身の状態をすばやく悟りに近づけるためには、日常生活のパターンから抜け出すための自分なりの儀式をつくりだすのが効果的だ、とニューバーグ博士はすすめています。

《ひらめきに出会う「小さな悟り」の儀式》

（1）心身をリラックスさせます。

（2）いま抱えている課題などについて、ひらめきや気づきを得たいという意思、目的を自分自身にはっきり言い聞かせます。

（3）リズミカルにからだを動かし始めます。

（4）からだを動かしながら、たとえばマントラを唱える、自分に言い聞かせたい暗示の言葉や格言を繰り返し口に出して言う、自分の呼吸を数えるなど、意識を集中させて気分良く熱中できる行為を10分から15分ぐらい続けます。からだの動きとサウンドや言葉を組み合わせ、さらに呼吸も合わせられると最も効果的です。

（5）からだのどこかがピリピリとしびれてきたり、気持ちの高揚を感じたら、活動をスローダウンさせます。動きも呼吸も極端にスローにすることで、ひらめきに必要な脳の部位の活動を活発にできます。

（6）静坐して瞑想します。

（7）頭を空《から》にして、無の境地で瞑想します。

（8）やがて浮上してくるイメージを深追いせずに観察して、瞬間的にひらめいた気づきを得ます。

《小さな悟りに向けたダンス瞑想》

（1）スローなテンポの曲を数曲集めたプレイリストと、スピーディーなテンポの曲を数曲集めたプレイリストを用意します。
（2）心のやすらぎ、至福感などダンス瞑想の目的、意図を決めます。
（3）スローな曲のプレイリストをプレイしながら、ダンスします。フリーフローではなく、規則的な動きを繰り返すほうが効果的です。
（4）ウォームアップができたら、スピーディーなテンポの曲のプレイリストに切り替えて無我夢中になれるまでダンスします。
（5）フロー状態に入れたと感じたら、スローダウンします。
（6）静坐して瞑想に入ります。
（7）頭や心に浮かんでくる考えや想いをやり過ごし、当初の目的にいったん意識を集中させた後に、頭を空《から》にして、瞑想を続けます。

第10章
人の魂は体外で意識を保てる

臨死体験すると超能力が身につく

公的な場で語る方はごくわずかですが、臨死体験者の多くは、生き返った後に何らかの超能力が使えるようになっています。

臨死体験とは、心肺停止で臨床学的に死んだと認定される状態になった時に、人の意識がからだの外に出て意識を保ち続け、時空に縛られず、地球上の遠く離れた場所や、地球外の宇宙、異次元に行ってさまざまな体験をして、その記憶をもって生き返るという超常現象です。救急医療の発達で、死の淵から蘇生される人が増えたこともあって、病気や怪我でいったんは死に、死後の世界を体験してからこの世に生き返ったという記憶をもつ人は激増しています。

臨死体験者によれば、死後の世界は時間や空間の制約にしばられない多次元の世界で、そこでは過去に亡くなった人たちも健在し、神仏や天使に会う人も少なくありません。意思疎通はテレパシーで行なわれ、自分が意識を向けただけで、遠く離れた場所へも過去や未来にも瞬間移動できます。死後の世界はすべての存在がつながりあって愛に満ちた、現実以上にリアルな世界です。臨死体験者の多くは死後の世界こそ人の魂の故郷だと実感し、人生で最も大切なのは他人をいたわる気持ち、無条件の愛なのだという悟りを得て、戻ってきます。

超能力が普通に使えるSFさながらの奇想天外な世界ですが、社会的にも地位があり信頼度の高い医師や科学者までが自らの臨死体験を公言するようになり、多くの臨死体験者の話に一貫性があることから、医師や脳神経学者はもちろんのこと、量子力学の新たな理論を構築することに躍起になっている物理学者、宇宙の謎を探る天文学者、宗教学者などの関心も集めることになりました。

臨死体験者の多くが生き返った後に体験する超常現象にも、科学者は注目しています。

病気や負傷で瀕死だったはずなのに驚異的な自己治癒力を発揮してすばやく回復するだけでなく、その後に他人を癒すヒーリング能力を発揮しだす例も多いのです。また、未来を予知できるようになったり、臨死体験中に出会った天使や亡者など異次元の存在とコミュニケーションが続けられる超能力者として活躍しだす人も少なくありません。

そうした臨死体験が本物だとすると、臨死体験を詳細に検討していくことで、人類にとって永遠の謎と思われていた人や宇宙の成り立ちを理解する糸口や、超能力が発現するために必要な条件がみえてくるかもしれないのです。

利他精神の目覚め

臨死体験は絶対に故意に求めるべきものではありませんが、彼らの体験から超能力を開発するためのヒントを得ることはできます。「臨死体験で得た最も大きな教訓は何か？」と問われた時に誰もが口を揃えるのは、愛、慈愛、利他の精神の大切さです。

臨死体験者は死後の世界で自分のそれまでの人生で起きた出来事を、他人の立場から再体験させられます。他人や社会との関わりを高みの視点からみた結果、いかに自分の行動が自己中心的なものだったかを知ります。そして、常に自分の利益を考えるよりは周囲の人を大切にし、周囲の人に感謝し、愛し愛されることが幸福の絶対条件であることを悟って、生き返ってくるのです。

つまり、臨死体験が進行してノンデュアリティの世界に到達した人は、そこで悟りをひらくことができ、そのご利益として得られる超能力を身につけて戻ってくるのかもしれません。

人の心が愛や感謝、思いやりに満ちていると、心と脳が同調し、脳が活性化されることとは、先に述べたようにハートマス研究所が数多くの研究で検証してきた生理現象でもあります。愛や思いやりの心を育てることが、超能力開発につながるのは確かなのかもしれません。

体外離脱は人の潜在能力

臨死体験者が語る体外離脱は、心臓や脳の機能が停止した人にみられる偶発的な現象のようで、本人がそうしようと意図して起きるものではありません。

しかし、体外離脱自体に関してはからだを死の危険にさらすことなく、意図的に一時的に意識を体内から離脱させることが可能であることを示す実例も増えています。私は、著名な科学者の数人から「訓練して体外離脱できるようになった」と直接、聞いたこともあります。

体外離脱はかつては「幽体離脱」として、幽霊の存在と同様のオカルト現象として懐疑的に語られてきましたが、近年では訓練次第で開発することができる超能力の一つとみられるようになっています。体外離脱を実現するためのさまざまな方法やテクノロジーも紹介されるようになり、臨死状態にならなくても意識を体外離脱させて周囲の様子を観察したり、異次元に行って情報を得ることは可能になっているのです。

体外離脱して異次元に行って得たとする体験者の情報については、その信憑性は確認できませんが、体外離脱して現実の世界で見聞きした光景なら、現場の状況や第三者の証言から真偽はすぐに分かります。実際、体外離脱して見聞きした情報が事実と同じであったことが確認された例は少なくないのです。

体外離脱を助けるテクノロジー

体外離脱を実現するためのテクノロジー開発の草分けは、米国バージニア州にあるモンロー研究所です。創設者のロバート・モンローは、もともとはラジオ局の経営者でした。サウンドで学習能力を向上させることができないかと考えるようになり、さまざまなサウンドを聞きながら自分の意識がどう変わるか実験しているうちに、ある時、意図せずに偶発的に体外離脱してしまったのです。

モンローは、自分の意識が体外に出て浮遊し始めてもしっかりとした自我と意識を保っていることに驚きました。意識だけで肉体がないので、壁や天井も通り抜けられるどころか、思った瞬間に別の場所に行けたのです。目で見ることはでき、耳も聞こえましたが、喋ることはできず、人と意思疎通することはできませんでした。相手にはモンローの姿は見えないようで、いくら注意をひこうとしても、存在は気づかれないという状態でした。透明人間のようなもので、壁や天井も通り抜けられましたが、物を動かしたり物質に影響を与えることはできませんでした。

当初は色々なサウンドの聞き過ぎで、自分の頭がおかしくなったのではないかと心配になったそうですが、医師には「精神状態は健康で安定している」と言われました。

この体験を契機に、モンローは体外離脱を誘発できるサウンドの研究に乗り出しました。そして、音の波動の助けを借りて、自発的に計画的に体外離脱することができるようにもなりました。そのうちに、現実の世界を超えてさまざまな次元にも旅することができるようになったのです。

音の波動で意識を体外に送り出す

やがて、モンロー研究所は体外離脱を目的としたサウンドによる脳トレのプログラムを開発し、研究所での合宿訓練として提供するようになりました。さらには自宅で自主トレしたい人向けの自習用のカセットテープのシリーズも発売しました。

モンローが体外離脱を可能にする特別な方法として提唱したのは、「ヘミシンク」と名づけられたサウンド・テクノロジーをベースとした催眠療法です。特殊なサウンドの波動で、右脳と左脳をシンクロさせることで、暗示を受け入れやすい脳の状態に導くのが特徴です。

ヘミシンクによる体外離脱の訓練は、仰向けに横たわり、ヘッドフォンでヘミシンクのプログラムを聞きながら行ないます。まず、からだをリラックスさせ、考えごとや感情を棚上げし、「自分自身の成長と人類の進化のために行なうもので、人類より進化した生命体の導きは受け入れるが、それ以下の影響は受けない」という意図を唱え、それを宇宙に宣言することから始まります。1回1時間ほどの訓練で、自分の意識だけが体から起き上がるように意図する、少しだけ意識を浮き上がらせ、すぐに体内に戻るといったように徐々に訓練して、最終的には意識を完全に体外に出し、肉体をもたない意識体として動けるようになることを目的としています。

この訓練法により、実際に体外離脱を体験できるようになる人は少なくないようで、モンロー研究所はサウンド・テクノロジーの脳トレ効果を確信し、体外離脱以外の超能力や、より実用的な脳力開発にも応用するようになりました。

研究所には米国の科学者や政治家、軍事関係者も訓練や実験に訪れるようになり、米国の超能力研究にもおおいに貢献するようになったのです。

モンローの最後の体外離脱

モンロー自身は1995年に肺炎をこじらせて急死しましたが、NASAのエンジニアからヒーラーに転身し、エネルギー・ヒーリングを米国で普及させた貢献者として知られるバーバラ・ブレナンが、たまたまモンローが亡くなる直前に研究所でワークショップに参加していたことを著書で語っています。

ブレナンはワークショップの生徒としてモンロー研究所に宿泊していたそうなのですが、そのワークショップにモンローが顔を見せました。そして「体調が悪いのでヒーリングをして欲しい」とブレナンに頼みました。ブレナンがモンローのからだの上に手をかざし、エネルギー・ヒーリングをしていると、「あなたは自分が50万歳だと知っていますか？」とモンローに聞かれたそうです。ブレナンは自分が過去生の一つとして50万年前に生きていたことを覚えていましたが、誰にも信じてはもらえないだろうと思い、公言していなかったので、「はい」と小声で答えました。すると、「あなたは、自分の名前がキーアーナーだったことも覚えていますか？」とまた聞かれたそうです。ブレナンは50万年前に生きていた世界が美しい自然の園で、その名前もキーアーナーだったことを覚えていました。それだけではなく、ブレナンはモンローもその世界に住んで、アシャニーという名前の知り合いだったことも覚えていました。

その数日後、研究所を去る直前にもブレナンはモンローにヒーリングしたそうですが、その時二人にはモンローの死期が近いことが分かっていました。チャネリングを始めたブレナンの仲介で、モンローは高次元にすむブレナンのスピリチュアル・ガイドと対話を始めました。そして、死後も物質世界と精神世界の橋渡しをする仕事を続けたいと言いました。それに対して、ブレナンのスピリチュアル・ガイドは、「レベル27にあるモンロー研究所でモンローの到着を歓迎する」と答えたそうです。レベル27とは、モンローが体外離脱をしている時に、レベル27と名づけていた高次元のことでした。

余談になりますが、ブレナンは「モンローの枕元に故人であった彼の妻が現れ、モンローの真上に横になって浮かんだだけではなく、彼の体内に入ってしまったのも目撃し、とても驚いた」とも書いています。

ヘミシンクによる脳トレ効果

さて、サウンドによる脳の刺激と暗示で、本当に体外離脱できるのでしょうか？

私自身は、モンローに取材して、体外離脱の訓練を受けてくるためにモンロー研究所を訪ねたことがあるのですが、なんと着いたのはモンローが急死した翌日になってしままい、訓練施設を見学しただけで帰ってきました。

その後、カセットテープのシリーズを購入して聞き始めたところ、ときおり睡眠中にルーシッド・ドリーム（明晰夢）体験をするようにはなりました。私は生まれつきのチャネラーではありませんが、ヘミシンクを聞き出してから、異次元からのものに違いない情報が私の頭にダウンロードされるようになったのです。

最初に降りてきた情報は、古事記で語られるような長い名前の日本の神様のリストでしたが、歴史の教科書では見たことがない名前ばかりでした。直感としては超古代の日本の神様の系図を伝えられたようでした。しかし、その当時は日本の古代史にも神道にもまったく関心はなかったので、メモもせずそのままにしてしまいました。

次は、長い数式や分子記号か、コンピュータプログラミングの言語のようなものが延々と流れるビデオのような映像でした。それはＲＮＡ（リボ核酸）に関わることで、エイズ薬として開発中の化学成分はガンの特効薬になるという情報でした。言葉でそう言われたわけではないのですが、突然そう分かったという、今にして思えば小さな悟り体験でした。当時、ＤＮＡという用語は知っていましたが、ＲＮＡというのは私の知識にはなかったので、自分の頭の想像の産物ではないと思いました。知るべき人が知ったらとても価値ある情報なのかもしれないとも思いましたが、教えられたフォーミュラを記憶していたわけでもないので、どうすることもできず、まさに「猫に小判」です。おそらく、情報の送り手がうっかりダウンロードする先を間違えたのだろうと思いました。

そうした体験は、ヘミシンクを聞いていることで脳が変化し、異次元へのチャンネルが開かれてきた結果のようではありました。またその一方で、日中にボーッとすることが多くなったようにも思い、このまま訓練を続けていると危ないかもしれないと不安になり、体外離脱訓練はやめておくことにしました。護身せずに興味半分で下手にチャンネルをひらくと、良くないエネルギーに憑依される危険があると思ったからです。

というわけで、私自身は途中で挫折したのでヘミシンクが体外離脱を導く効果を試すことができませんでしたが、超常現象研究の第一人者とされるディーン・ラディン博士も、「ヘミシンクで体外離脱できるようになった」と語っていますし、ヘミシンクの体験談は数多く発表されているので、効果はあるのだろうと思います。

体外離脱の自主トレをやめてしばらくたってから一度だけ、仰向けに寝ている自分の姿を、すぐ真上から不思議そうに見つめているという夢うつつの体験はありました。偶発的に一瞬、体外離脱できていたのかもしれません。

米軍パイロットの体外離脱

ヘミシンクのようにサウンドの波動と暗示を利用したテクニック以外にも、体外離脱を故意に誘発する方法はあるようです。

からだにかかる重力が大きくなると、人は意図せず体外離脱してしまう可能性があることは1980年代に行なわれた米空軍の研究から示唆されています。

戦闘機の加速性能が増して、最新鋭の戦闘機に乗ったパイロットが空中で一瞬、失神してしまうケースが続出するようになりました。「失神している間に体外から自分の姿を見た」という記憶を報告するケースもありました。空中でパイロットが一瞬たりとも気を失うのは大きな問題なので、原因解明と対策に向けた研究が始まりました。

人体に5倍、10倍といった重力がかかるようになったことが原因ではないかという仮説を発表したのは、空軍の航空医学の専門家だったジェームス・ウィニー博士でした。

急激な加速や上昇などによりパイロットにかかる重力の荷重が増大すると、血液の流れは重力に逆らえなくなり、血液は下半身に溜まります。すると、脳まで血液が届かなくなり、脳が酸欠になってしまうことが推察できたからです。

ウィニー博士は遠心力で動く地上のフライトシュミレーターを使って、操縦席にいるパイロットにかかる重力を少しずつ上げていき、パイロットに起こる変化を観察する実験を繰り返しました。

その実験では、失神中に自分の魂が体外に飛び出したような感覚を覚えたり、「実際に体外から自分の姿を見た」といった体験が起こりがちであることも分かりました。ウィニー博士はこうした現象をG-LOC（重力誘引の意識喪失）と呼びました。

この研究の目的は、超常現象の研究ではなくパイロットを失神させないための対策の開発だったので、パイロットに起こる不思議な体験についてそれ以上は追求されませんでした。

下半身に血液が溜まらないようにするために、空軍のパイロットは発着時には足を踏ん張り、筋肉を硬直させ、首から下の血管を緊縮することで、頭から血が下がらないようにする訓練を受けるようになりました。

やがて、そのサポートとして開発されたのが、現在の戦闘機のパイロットが着ている

Gスーツで、それが民需に応用されて普及したのが、旅客機のエコノミークラス症候群や立ち仕事で血流が滞るのを防ぐ圧力ソックスです。

この研究が発表されたことで超常現象を信じない科学者からは、「臨死体験はやはり、酸欠になった脳の想像の産物に過ぎないのでないか」という意見も出ました。しかし、ウィニー博士によれば、脳の酸欠で起こると考えられる体外離脱感覚と、臨死体験者が語る体外離脱体験は似ていても大きな違いがあります。

脳が酸欠になったパイロットの場合には、その状態から意識が回復するまでに、目まいや立ちくらみがしたり、しばらく呆然としたりといった症状を伴いますが、臨死体験者の場合は、そうした過程を経ずに平常の意識に戻っているからです。

また、臨死体験者の場合には体外離脱で人生観を一変させられる悟りを得ていますが、パイロットのG-LOCにはそうした恒久的な影響はみられないそうです。

体外離脱の自主トレ

Ｇ－ＬＯＣ現象にヒントを得て、Ｇ－テクニックという体外離脱の訓練法を紹介しているのは、体外離脱の達人となり、ワークショップなども開いているイギリス人のグラハム・ニコルズです。

ニコルズは子ども時代に、自分のからだが突然、宙に浮いたように感じた体験をきっかけとして体外離脱に興味をもちました。そして『体外離脱ハンドブック』という本を買ってきて毎晩練習していると、半年後に体外離脱できるようになりました。それ以降、体外離脱の体験を重ねると同時に超心理学など関連分野の研究から情報を集めるようになったのだそうです。

ニコルズが提案するＧ－テクニックという方法は、基本的には立って息を吸い、身体中の筋肉を硬直させ、数秒我慢してから息を吐き、力を抜く、という体操を数回繰り返すというものです。そうすることで、体は消耗し頭は冴えてきて、体外離脱しやすくなるとしています。しかし、血圧に影響する危険などもあるので、医師に相談してから試すようにという警告つきです。

というわけで、その方法はやたらに試さない方が無難なようですが、ふだん脳が慣れない動きをしてからリラックスするという点では、アンドリュー・ニューバーグ博士が述べている「悟りをひらきやすくする脳のコンディションづくり」とも共通性はありそうです。

ニコルズによれば、体外離脱するためには、からだはリラックスしているが意識ははっきりしているという状態が必要で、G-テクニック以外に彼がすすめている他のテクニックは、ヨガや仏教で実践されてきたような瞑想やイメージ法です。

聴覚が強い人はヘミシンクのようなサウンドやマントラのチャントで波動を上げる、視覚が強い人は自分が体外に浮かんでいる姿を想像する、といったビジュアリゼーション法を利用することをすすめています。体育系の人の場合には、バシリカと呼ばれるヨガの呼吸法や、頭や太陽のチャクラをマッサージすること、スポーツやアウトドアでしっかり体力を使い、からだを消耗させた状態で眠るのも効果的だとしています。

結局は、自分なりのやり方で自分の波動を高めていけば、現実の物質世界とは異なる次元に入る扉が開かれ、意識をもつ生命エネルギーとして体外離脱することができるということなのでしょう。

第11章 サウンド、瞑想、呼吸法で異次元に向かう

音楽で失われた脳の機能が回復できる

サウンドが人の健康や意識にさまざまな影響を与えることは、数多くの研究から明らかです。音楽は喜びや悲しみといった感情を増幅させたり抑えたりすることで、自律神経や免疫機能に影響を与えるのです。

脳には音楽と記憶を関連づける部位があり、忘却の彼方にあった思い出を音楽が引き出してくれることもあるようで、音楽療法は認知症の人々のケアなどにも役立てられています。

オーストラリアのニューキャッスル大学では、「事故で脳に大きな損傷を負い記憶を喪失した患者に、ポピュラー音楽を聞かせたところ記憶を回復した」と発表しています。記憶にアクセスするために必要な脳の神経回路が、音楽の波動の刺激で再生されたと考えられるそうです。

脳の損傷で失われた言語能力が音楽療法で回復した例もあります。米国では、2011年に銃で頭を狙撃されたガブリエル・ギルフォード元米下院議員の回復が話題になりました。ギルフォード議員は言語を司る脳の部位に損傷を受けたために喋れなくなっていましたが、歌ったり、メロディに乗せて発音する練習を繰り返したところ脳神経回路を再構築することができたということです。

また、音楽には人の集中力を高める効果もあるようです。短いシンフォニーを聴いている時の脳の活動の変化を調べたスタンフォード大学の研究では、楽章の間の短い静寂の間に、人の脳の活動は絶頂になることが分かりました。研究者によれば、次に起きる出来事への期待が高まった時に人の集中力はピークになるのです。その研究結果を応用すれば、集中力を高める脳トレ用の音楽も作曲できるわけです。

聞く音楽のジャンルにより人の意識は変わる

音楽のジャンルにより、意識への影響にも違いが出るのかを調べたハートマス研究所の研究例もあります。大人のグループとティーンエイジャーのグループを対象に異なるジャンルの音楽を聞かせ、思いやり、頭のクリアー感、リラックス感、活力感、敵対心、疲労感、悲しみ、緊張感などがどう増減するかを調べたのです。

異なる音楽の代表として選ばれたのは、クラシック、ニューエイジ、グランジ・ロック（パンク・ロックとハード・ロックを融合させたようなロック・ミュージック）、そして、特定の目的で作曲されたデザイナー・ミュージックです。

その結果、大人にとってもティーンエイジャーにとっても緊張感を解く効果が高かったのはクラシックでした。しかし、その他の点ではクラシック音楽にはあまり影響力がありませんでした。

ニューエイジ・ミュージックには人をリラックスさせる効果が高く、敵対心と緊張感の度合いはかなり低くなりますが、半面、頭のクリアー感と活力感も低下させる傾向があることが分かりました。

最も悪影響が多い音楽のジャンルはグランジ・ロックで、敵対心、疲労感、悲しみ、緊張感が大きく増大する一方で、思いやり、リラックス感、頭のクリアー感、活力感は大きく低下するようです。

最も良い影響があるのはデザイナー・ミュージックで、思いやり、リラックス感、頭のクリアー感、活力感が大きく増加し、敵対心、疲労感、悲しみと緊張感は大きく低下していました。

とはいえ、同じ音楽を聞かせても聞く人によってその効果は異なるようです。ティーンエイジャーの場合にはクラシックを聞かせると活力感が大幅に低下し、ニューエイジ・ミュージックを聞かせるとリラックス感が大幅に増大する一方、疲労感も大幅に高まることが分かりました。ティーンエイジャーにとっては、ニューエイジ・ミュージックは「かったるい」ということなのでしょう。

大人とティーンエイジャーの反応で最も大きな違いが出たのは、グランジ・ロックを聞いた時でした。思いやりの気持ちが低下する度合いは大人に顕著でした。

こうした研究結果から、音楽の効果には、個人的な嗜好も影響するものの、音楽のジャンルにより人の精神状態に与える影響が異なるのは確かだ、と研究者はみています。

サウンドの波動で脳をチューニングする

複数のメトロノームを同室に置いて、次々に振り子を振らせると、最初はまちまちだった振り子の振れは、やがて同調し、同じリズムを刻むようになります。この「波動は同調する」という物理の原則を利用して、特定の周波数のサウンドを聞くことで脳波を同調させるサウンド・セラピーも広く普及しています。

ちなみに、脳波の周波数と意識の状態の関係は次のように説明されています。

ガンマ波	40ヘルツ以上	異次元にアクセスしている時の意識の状態
ベータ波	14〜40ヘルツ	考えたり、仕事をしている時の意識の状態
アルファー波	8〜14ヘルツ	リラックスしている時、休憩中の意識の状態

シータ波　4～8ヘルツ　瞑想中や夢を見ている時の意識の状態
デルタ波　0～4ヘルツ　熟睡中の意識の状態

前述の研究の対象になったデザイナー・ミュージックの多くも、特定の周波数の波動をミュージックの中に入れて、その波動で脳を刺激して脳波を変えることで、意識の状態に変化を起こさせることを意図しています。

ストレス解消、催眠、ルーシッド・ドリーム、直感力開発などさまざまな目的のミュージックやサウンドが開発されています。深い眠りを誘うデルタ波、集中力を助けるアルファー波、ヒーリングを促進するシータ波といったように、特定の脳波を活発にするためのサウンドもあります。ネットで無料でアクセスしたり、ダウンロードできる音源も今では豊富です。

他人の目を凝視すると見えてくるもの

他人の目をじっと見つめ続けていると、意識が変容し異次元体験ができることも明らかになっています。２０１５年にイタリアのアルビーノ大学の心理学者であるジョバンニ・カプート博士が、精神科医の学会誌『精神医学研究』に発表した研究結果です。社会的に信用度が高い大学の科学研究だったことから、米国では『サイエンティフィック・アメリカン』といった科学情報誌だけでなく、一般のメディアでも取り上げられ、大きな注目を集めました。

その研究では20人のボランティアにペアを組ませ、1メートルの距離で向き合って座らせ、相手の目を10分間にわたってじっと見つめ続けさせるという実験をしました。すると多くの人が、相手の姿が変容しだして、別の生き物に見えたとしました。意識が体外離脱したという報告もあったのです。

被験者の回答によれば、他人の目をじっと見つめていると、周囲に見える色が鮮明ではなくなってきます。聴覚にも変化が起こるようですが、周囲の音がいつもより大きく聞こえたという人と小さく聞こえたという人がいました。

被験者の90％は相手の顔の特徴が歪んで見えたとし、75％は怪獣の顔のように見えたとしています。被験者の50％は相手の顔に自分自身や配偶者の顔の特徴が見え始めたとし、15％は親戚の顔に見えだしたと回答しています。

鏡を見つめる瞑想

その研究の前段階となったのは、鏡の中の自分の姿を見つめ続けさせるという実験であり、それもカプート博士が２０１０年に研究報告しています。

50人の被験者に10分間にわたり鏡に映る自分の姿を見つめ続けさせたその実験では、被験者は1分もしないうちに鏡に見える自分の顔が変容したことを覚えていました。自分の顔が大きく歪んで見えたり、生きている知り合いの顔に変わったり、亡くなった親や先祖の顔になったり、個人的にはなじみがない典型的な老女のような顔など、変容して見えた顔はさまざまでした。人間だけではなく、自分の顔がネコやイヌ、ブタといった動物の顔や空想上の生き物に見えだしたという人もいました。

鏡を見ていると現実ではない物が見えだすという現象は、実は昔から知られています。スペインでは真夜中の12時に鏡の中で自分の顔を見ながら悪魔を呼ぶと、闇の王子が鏡の中に姿を現すという言い伝えもあるそうです。

「他人の目や鏡をじっと見つめていると他の物が見えだす」という不思議な現象に対してカプート博士は、次のような仮説を立てています。

脳が視覚から受ける刺激がなくなると、「神経適用」という現象が起きるのではないかというのです。瞬きをしないでじっと同じところを見つめていると、脳が新たな刺激を受けなくなるので、ニューロン（神経細胞）の反応が遅くなります。そうすると、脳がそのギャップを勝手に埋め始め、その人の記憶や潜在意識にあるビジュアルを映し出すというのですが、これはあくまで推論に過ぎません。

鏡で亡者を呼び寄せる「サイコマントラム」

米国では臨死体験研究の草分けとされるレイモンド・ムーディー博士が、薄暗闇で鏡を見続けていると、死後の世界への扉が開き、死者とコミュニケーションすることができると1993年に発表しています。夕方など薄暗闇の時間に、キャンドルだけで照らした部屋に等身大の鏡を置いた空間をムーディー博士は「サイコマントラム」と名づけました。そこで一人で鏡に向かっていると、やがて鏡の中に亡くなった人が姿を見せるというのです。

ムーディー博士は、古代ギリシャで黄泉の国への入り口の役割を果たしたとさ

鏡を見つめながら瞑想すると、
変容意識に移行しやすい

れる寺院「ネクロマンテオン」からヒントを得て、サイコマントラムを構想し、実際に自分で試してみたのです。ネクロマンテオンとは亡者の信託という意味で、古代ギリシャでは寺院に集まった人々が向精神作用のある薬物を摂取し、清めの儀式を済ませた後に寺院の地下に下り、亡者からの信託を受けたと伝えられています。

開眼瞑想法の神秘

鏡で自分の顔を見つめ続ける瞑想法は、私もエネルギー・ヒーラーの訓練として習ったことがあります。ポーランド政府からエネルギー・ヒーラーとして国家認定を受けた後に米国に移住した、ミアテック・ウィルカスが教えてくれた方法です。

ウィルカスによれば、鏡の中の自分の顔をずっと見つめていると、見知らぬ人の顔に変容するが、それは自分の過去生の姿で、または動物や異次元の存在が鏡の中に姿を現すこともあるということでした。

米国には、全員でコミュニティーの指導者（グル）の目を見続ける瞑想法を提供しているスピリチュアル・コミュニティーもあります。クンダリーニ・ヨガの修行を積んだそのグルによれば、その開眼瞑想法は彼のグルから直伝で学んだ特別な瞑想法で、グルが現実の世界と異次元の世界の橋渡しとなり、瞑想者を異次元に誘うというものです。瞑想者はそこで潜在能力を開花させたり、癒しや悟りを得ることができるとして、コミュニティーではとても人気のあるイベントです。

私はたまたまそのコミュニティーに滞在して、開眼瞑想法の存在を知りました。一緒に泊まっていた友人が報告してくれたところによると、グルの目を見つめているうちに辺りの風景が歪みだし、異次元にトランスポートしたような感じがしたそうです。気功やさまざまな瞑想法のベテランの彼女にとっても、生まれて初めてのセンセーショナルな体験だったと大喜びしていました。

イーレン気功では、風景などでもぼんやり眺めていれば自然からエネルギーがもらえるが、じっと見つめると自分のエネルギーを奪われてしまうことになる、と注意されています。やたらにグルの目を見つめると、自分のエネルギーが吸い取られるのではないかと思って私は参加しなかったのですが、友人によれば、見つめたグルの目は虚空で、心配はなさそうだったとのことでした。グル自身の意識は、体外離脱して別の次元に行ってしまっていたようだというのです。だとすると、グルは本当に、心の窓たる自分の目を異次元への橋渡しとなる玄関口として弟子たちに提供していたのかもしれません。

呼吸にはＬＳＤのような効果もある

呼吸の仕方を変えることで心身をリラックスさせたり、からだを温めたり涼しくしたりできることは昔から知られており、心身の健康法として実践されてきました。呼吸法というとヨガのさまざまな呼吸法を真っ先に思い浮かべる方も多いでしょうが、実際にはその他にも実に多くの呼吸法が実践されています。

呼吸だけで意識を変容させる方法を開発したのは、精神科医のスタニスラフ・グロフ博士です。博士は１９６０年代に東欧から米国に移住し、幻覚剤として知られていたＬＳＤがもたらす意識の変容と、それを精神疾患の治癒に応用する研究をしていました。ところが、ＬＳＤの使用が麻薬として禁止されてしまったので、薬物を使わずに人の意識を変容させる方法を探しました。そして、呼吸によって普段より大量の酸素をからだに送り込み続けることで、人の意識は変容し、シャーマンのように現実の物質世界ではない異次元の世界にトリップできることを発見したのです。

人は、酸素を大量に取り込む呼吸法を長く続けていることで変性意識を保つことができ、その間に過去の出来事や母親の産道をくぐり抜けて生まれてきた時の体験や、過去生を再体験することになるのです。

そうした体験は、人にとって極めて深遠な精神体験となります。長年、修行を積んだ僧のみが瞑想で体験するような気づきや悟りを導ける可能性が呼吸にはあるのです。

グロフ博士は、自分が開発した呼吸法をホロトロピック・ブレスワークと名づけました。米国人のなかで精神世界への関心が急激に高まっていた頃のことですから、その呼吸法は注目を集め、グロフ博士はワークショップで一般の人にも教えるようになりました。ホロトロピック・ブレスワークで慢性病が治ったといった体験者からの報告も増え、呼吸には自己治癒力を高める効果もあることが分かりました。

呼吸によるトラウマからの開放

私はグロフ博士自身が教えるホロトロピック・ブレスワーク合宿を体験取材したことがあります。ブリーザー（呼吸をする本人）と介添え役がペアになり、交互に呼吸法を実践するグループ研修でした。

ホロトロピック・ブレスワークのセッションでは、ドラムのリズムが大きな要素を占める民族音楽の大音響の中、20人ほどのブリーザーが床に仰向けに横たわり、その横に介添え役が待機します。ブリーザーは普通の呼吸よりは早いスピードで、口から大きく息を吸って吐く独特の腹式呼吸を始めます。しばらくすると、ブリーザーは泣いたり、叫んだり、からだをバタつかせたり、四つん這いになって吠えたりし始めます。意識が完全に変容し、現実の世界を忘れて、異次元での体験に浸ってしまうのです。

呼吸によるデトックス効果で、からだ中の細胞に溜まっていた記憶、感情などがエネルギーとして排出されだすと、咳き込んだり吐き出す人もいるので、各ブリーザーの横には大きなバケツが置かれて、実際に吐いている人も少なくありませんでした。この呼吸法をブリーザーは約3時間近くにわたって続けるのです。

介添え役の役目はブリーザーが安全に呼吸を続けられるように、からだを支えたり、さすってあげたりすることでしたが、私が介添えしていたブリーザー（女性）は途中で大泣きし、叫び出しました。錯乱したようになって、私の介添を拒否しだしました。すると、待機していた心理療法士の一人がすぐに寄ってきて、ブリーザーがこのままブレスワークを続けるのは無理だと判断して、別室に連れていってしまいました。対話療法でカウンセリングするためです。

後で聞いたところによると、私のパートナーの場合は、潜在意識の奥底にしっかりしまい込まれていた、子どもの頃に母親から受けた虐待のトラウマが、呼吸によるデトックス効果で浮上してしまったのです。本来なら過酸素呼吸を続けることで、トラウマは極端な感情を伴わずに純粋なエネルギーとして排出されるはずなのですが、過去の思い出に意識が集中してしまい、呼吸を続けられなくなったために、彼女の頭は過去に戻り、虐待を再体験してしまっていたのでした。

そんな騒ぎもあったせいか、取材半分で参加したためか、私自身のホロトロピック・

ブレスワークは穏やかで、現実を忘れることもなく、異次元まで行けた感じはしませんでしたが、3時間深呼吸を続けた後には爽快感がありました。

呼吸で導く「小さな悟り」

というわけで、あまり過激な呼吸法は過去に大きなトラウマを抱えた人には向かないように思いましたが、呼吸がもたらす心身のデトックスのパワーは痛感しました。そこで調べてみると、ホロトロピック・ブレスワークをベースにして独自に改良したさまざまな呼吸法が存在していました。結局は、私はその一つで世界に普及したトランスフォメーショナル・ブリージングという呼吸法をもとにしたブレス・アウェアネスと呼ばれる呼吸法を学び、実践するようになりました。自己治癒力の増加だけではなく、自己実現のツールとしてもとても価値があると確信しています。

ブレス・アウェアネスでも、口呼吸で肺の肺活量を全開させて酸素を大量に送り込むという基本は同じですが、ホロトロピック・ブレスワークよりはテンポもゆっくりとして効果もマイルドな呼吸法を1時間ほど続けます。

常に呼吸に意識を集中することで、自分はいま呼吸法を実践しているという現実感覚を失わないようにしながら、ゆっくりと意識の変容を導くのです。

酸素を大量に取り込む呼吸で脳もからだも活性化されてくると、まず、指先や足がジンジンとしびれてきます。体内での気のエネルギーの流れが活発になり、細胞記憶として溜まっていたネガティブな感情やトラウマが、不要なエネルギーとして、経絡を通って手足に流れ、そこからからだの外に排出されるのです。

ブレス・アウェアネスのセッションはそうした体感の変化だけで終わることもあれば、ずっと忘れていた遠い過去の出来事を思い出すこともあります。また、思い出は伴わずに急に怒りや悲しみの感情がこみ上げてくることもあれば、何の気持ちの変化も感情の浮上もないのに突然、大笑いしだしたり、泣き出す人もいます。

もともと気の流れが良い人や、スピリチュアルな資質のある人ほど、意識変容を起こしやすく、過去世を思い出したり、異次元を体験したりしやすいようです。

介添え役として見ていると、ブリーザーがうまく呼吸できている時には、吸った息がお腹から胸へ広がり、吐く息で胸からお腹が平らになるという、きれいな波ができます。

しかし、ときどき大きく波立っていたからだがピタッと動かなくなり、何十秒もそのままになることもあります。そうした時には、ブリーザーの意識が体外離脱しているとみられます。それまでにふだんより大量の酸素を取り込んでいるので、短い間呼吸が止まっても問題はないのです。

ブレスワークの体験内容や、人により時によりさまざまですが、私はこの呼吸法により、自分の潜在意識について学び、過去の出来事を別の視点からみられるようになり、多くの気づきを得てきました。呼吸の仕方を変えるだけで「小さな悟り」が体験できるのですから、呼吸は悟りを目指す人にとってとても有益なツールだと思います。

超人をつくるウィム・ホフ式呼吸法

最近、欧米で話題になっている呼吸法にはウィム（ヴィム）・ホフ式呼吸法があります。この呼吸法はオランダの登山家、ウィム・ホフが提唱しているものです。その目的は、精神の変容や悟りではなく、氷点下の屋外でも裸同然でいられる超人的な身体づくりです。

チベット仏教の修行僧はトゥンモという修行の特別な呼吸法で、極寒の冬でも薄い僧衣だけで瞑想を続けられるようになります。ウィム・ホフ式呼吸法の呼吸はこのトゥンモに類似していますが、本人によれば、ヨガや瞑想の本はたくさん読んではいるものの、彼の呼吸法は基本的には厳しい自然の中に身を置くことで培われたものだということです。大自然のなかで自主トレしているうちに、極端な暑さ、寒さ、そして恐れにも打ち克てる呼吸法を修得したのだそうです。

伝統的なチベット仏教のトゥンモの修行には、準備段階となるさまざまな運動があり、それらをマスターした上で行なわれるので、一般の人では簡単には修得できません。

一方、ウィム・ホフ式呼吸法には精神修行は伴わないので、比較的簡単に学べます。実際にウィム・ホフ式呼吸法を修得して、ウィム・ホフのように夏の軽装で雪山に登る人たちも出てきているのです。

1959年生まれのホフは、10代の頃から裸足で平気で雪の上を走ることができましたが、大自然の中で走ったり山登りをしているうちに、環境に適応して心拍数や呼吸のリズム、血液の流れといった自分の身体機能をコントロールできるようになりました。

その結果、次のような成果を上げ、21部門でギネスブックにも記録されているそうです。

・北極圏を短パンとサンダルでマラソンをした
・公式記録としては66メートル、非公式には120メートル、一呼吸だけで氷の下に潜って泳いだ
・高度2000メートルで、指1本で崖からぶら下がれた
・世界一高い山に短パンで登山した
・水を飲まず、ナミブ砂漠でマラソンを完走した

呼吸法で病気も防げる

2007年にホフの身体機能を調べたフェインスタイン研究所（米国ニューヨーク州）によれば、ホフのからだは自分ではコントロールできないはずの自律神経を無意識のうちに制御し、環境に適応できるようになっていました。

ホフの超人的な適応力が、気温といった環境要素だけでなく、細菌など健康を脅かす外敵に対する反応にも現れていることが実験でも証明されています。

その実験では、通常は免疫反応を刺激し、インフルエンザの症状を引き起こす細菌をホフとその他の人に接種して、反応の違いを見ました。112人の男性は何もせずに細菌を接種され、ホフは細菌を接種される30分前から2時間半後まで、ホフ式呼吸法を続けました。その結果、その他の男性には予想通りにインフルエンザのような症状が出ましたが、ホフにはそうした症状はみられませんでした。

血液検査の結果を見ると、副腎皮質から分泌され、糖、脂質、たんぱく質の代謝や血圧調整に関与し、ストレスを受けると分泌が増えるとされるコルティゾールの分泌量が他の人々よりホフの場合は急激に増加していましたが、炎症を起こさせるタンパク質は他の人々ほど増加していませんでした。

2013年にはホフの超人的な能力が彼個人の資質なのか、ホフが提唱するように訓練で誰にでも開発できる能力なのかを試す実験が、オランダのラドバウド大学で行なわれました。

実験では30人の被験者をホフ式呼吸法の訓練を受けるグループと受けないグループに

分け、訓練組は４日間の合宿プラス６日の自宅復習で左記の訓練を受けました。

（１）心身を完全にリラックスさせていく瞑想法

（２）自然のなかで、段階的に寒さにさらしていく身体訓練

この訓練では、グループは実際に20分間裸足で雪の上を歩くことから始め、ついには短パンだけで１５９０メートルの山に登ることができました。その間、マイナス５℃からマイナス20℃の環境に耐えたのです。

（３）ホフ式呼吸法

そうした訓練のあとで、訓練を受けた被験者12人と受けなかった被験者に細菌を接種し、反応を比較しました。訓練を受けた被験者は細菌接種の前後３時間、ホフ自身の指導でホフ式呼吸法と意識の集中法を実践しました。

その結果、訓練組にはインフルエンザの症状は出ませんでした。血液検査の結果でも炎症を起こすタンパク質の量は訓練を受けなかった人たち以下で、炎症を抑制するタンパク質の量は訓練を受けなかった人たちより多かったのです。

こうしたことから、ホフ式呼吸法は習得可能な呼吸法であり、その実践により寒さに耐えられる超人的な体質になれるだけでなく、免疫不全や心臓病、肥満の防止など多くの健康効果も得られると考えられるのです。

《ウィム・ホフ式呼吸・瞑想法》

練習には胃が空《から》の早朝が最も適しています。横隔膜をしっかり活用するように呼吸するのがコツです。頭がクラクラしてくることもあるそうです。

・第1段階の呼吸法

(1) 背筋を伸ばし胸を開き、肺がフルに使える姿勢で座ります。
(2) 目を閉じます。
(3) 風船を膨らますようなつもりで、口か鼻から肺に息を吸いこみます。
(4) 息を吸いきったら、短く力強く吐きます。
(5) 3、4の呼吸を30回繰り返します。

・第2段階の呼吸法

(1) 力まず、肺全域に空気が入るように深呼吸します。

(2) 息を吐き切ります。

(3) そのまま、力まず、なるべく長い間、からだが震えだすまで、息を止めたままにします。(息を止めている間に腕立て伏せやヨガをしてみると、息を止めている間の方がからだに力が入りやすいことが分かります)

・第3段階の呼吸法

(1) 肺全域に空気が入るように深呼吸し、胸が広がるのを感じます。

(2) 息を吸い終えたら、10秒間ほど息を止めます。

(3) 1、2の呼吸法を3回繰り返します。

・第4段階の静坐

からだの感触を感じながら、静かに座り、そのまま瞑想します。

第12章 超能力や癒しの潜在能力を開花させる

私たちはすでにテレパシーを使っている

言葉や物質的な通信手段を使わずに意思疎通したり情報を取得する、いわゆるテレパシーや未来を予知する能力は普通の人にはない超能力とされていますが、実際には、テレパシーが通じたと感じたことがある人は意外と多いのではないでしょうか。

臨死体験者によれば、死後の世界の意思疎通はすべてテレパシーのようですが、この世の日常生活でも私たちがそう気づかないだけで、人はテレパシーも使って意思疎通を図っているようにも思えます。

誰かに電話したり、メールを出すと、「今ちょうど、連絡しようと思っていたところ」という返事が返ってくることはよくあることで、こうしたテレパシーとも取れる現象がどれだけ頻繁に起きているかに着目した科学的な研究もあります。

先に述べたように、心臓の鼓動のリズムの変化から、私たちが他人の感情を察知していることは、すでに科学的に実証されています。多くの人が日常的に体験する「直感」や「予感」、「ひらめき」もテレパシーの発現だとみることもできます。

動物が言葉を使わずに意思疎通しているところをみると、テレパシーはすべての動物がもつ基本的な通信能力だったのが、人類の場合には言語を発達させたことで退化したか、潜在能力としてふだんは利用されなくなったのかもしれません。

動物には地震や津波などの異変を予知する能力があることはよく知られていますし、飼い主の帰宅が予知できる犬や猫の話や、飼い主に起きた不幸を動物が知らせた逸話なども世界中にあります。

テレパシーは人の緊急時の通信手段

人の場合には、テレパシーや予知能力は、人の生死に関わる際に発揮されがちであることは研究者も以前から指摘しています。

飛行機の墜落や列車の脱線といった大事故が起きた時には、嫌な予感がしたり、子どもに泣かれて手間どって間に合わなくなったといった突発的な理由で、直前に乗るのを見合わせて助かる人がいます。

家族や親しい人の死をその直前に予知した、または直後に直感的に「悟った」という体験談もよく聞きます。配偶者に先立たれた人が、ときおり故人と意思疎通できているように感じたり、親しい人が亡くなったあとに、その人からのメッセージを受けたことがきっかけで、自分とは関係がない故人や異次元の存在ともテレパシーで交信できるようになる人たちもいます。

また、眠っている間に他人から得た情報が夢になって現れることがあることには、1

920年代にすでに精神科医のフロイトが注目しており、ドリーム・テレパシーと呼ばれ、数多くの実験や研究が行なわれてきました。

テレパシーは空想の世界の産物ではなく、人類が有する潜在能力であることは科学者も認めるところとなりましたが、それが訓練によりどれほど開発できる能力なのかは定かではありません。

デューク大学（米国ノースカロライナ州）の心理学部では、超能力研究所を設け、1930年代にゼナー・カードとよばれる5種の絵柄のカードを使ったテレパシー能力測定と訓練を始めています。今でもそのカードは市販されていますが、その後、他にとくに画期的な訓練法は開発されていないようです。

イーレン気功の修練を積むとテレパシーで他人とコミュニケーションできるようになると先に書きましたが、イーレン気功で開発できるテレパシーはからだで感じる感覚も伴う情報交換で、ソン博士は単なるテレパシーと若干異なる能力として、生命エネルギー通信と呼んでいます。

私の友人には、通りがかりの他人の考えていることや感情が常に読めてしまうようになり、煩わしいのでテレパシーの能力をコントロールして、必要な時にのみ使えるようにするためにイーレン気功を学び始めた人もいます。

その友人の場合は、子どもの頃からスケートボードに凝って、通りで遊んでいるうちに直感が発達したそうです。米国では車道でスケートボードに乗るのは違法で、警察官に見つかると交通法違反のチケットを切られ、罰金を払わなければならないので、いつも警戒のアンテナを張っているうちに私服の警官を遠くから見抜けるようになったそうです。さらには、盗みや恐喝など人が心の中に抱えている悪意がテレパシーで分かるようになり、安心して夜中でも通りでスケートボードができるようになったのです。

別の友人はマッサージ・セラピストになったら、予約したお客さんが来る直前になると、会う前にその人のからだのどこに支障があるのかが直感で分かるようになったと言います。その情報を参考にして触診すると、直感はたいがい当たっているそうです。

米国では、警察官もベテランになるほど悪人を見抜く直感に優れるようになるとされており、警察官の勘を示す「ブルーセンス」（青い制服を着ていることからブルーは警察のシンボルカラー）という言葉もあります。

こうしたことからみると、テレパシーはその人の必要に応じて発達する能力とも言えそうです。

ハイテクの助けで超能力を実現する

米国では、最新テクノロジーによる超能力の実用化も検討されています。そのなかにはハイテクの力を借りて、言葉の対話を使わずに意思疎通するテレパシーを人間同士の新たな通信手段にしようという試みもあります。人の脳に思考をアップロードしたりダウンロードしたりできる極小のデバイスを埋め込み、テレパシーの機能を果たさせるという研究で、「ニューラリンク」という医療研究会社が開発中です。そのデバイスを埋め込んだ人同士なら、言葉なしでコミュニケーションが可能というわけです。代表者のイーロン・マスクは、映画『マトリックス』に出てくるようなテクノロジーが10年以内に現実化するとしています。

SF映画のような話ですが、脳波をコンピュータで翻訳して物を動かすという、いわば念力サポート・システムはすでに開発されています。空中の戦闘で負傷し、手で飛行機を操縦できなくなった場合の対策として、米空軍もそうした念力テクノロジーを研究開発しています。

フェイスブックやグーグルの元役員だったマリー・ルー・ジェプセン博士が有望視し、サポート技術の開発に資金を投入しているのは「透視能力」です。

脳のどの部位がどういう機能をもっているかはある程度解明されており、人の思考を読み取れるとされるMRIはすでに開発されています。それを頭にかぶったり、ウエラブル・デバイス（身体に装着して利用することが想定された端末）にすればいいのだとジェプセン博士は考えています。そうすれば、医療技術者を経ずに一般の人も他人の考えていることや体内の組織異常を透視できるようになるというのです。

MRIは磁気とラジオ波を利用した共鳴診断装置ですが、ジェプセン博士が創設した新会社「オープンウォーター社」が開発中の透視デバイスは、赤外線のLCDの光と体温検知器によって脳や体内をスキャンする仕組みです。そのプロトタイプは2018年には公開できるとしています。

ジェプセン博士は「この技術を応用すれば、いずれは映画監督は脳から夢をダウンロードしてそのまま映画にできるし、プロダクト・デザイナーは頭に浮かんだアイデアを直接3Dプリンターに送り、模型を制作することもできるようになる」と語っています。

CIAが研究開発した透視法

私の知りあいには患者の体に鍼を打った時だけ、その周辺の体内組織の状態が透視できるという鍼灸師もいますが、透視能力に関しては、サポートのテクノロジーを使わなくても能力開発が可能な、人間の潜在能力であることを米国では科学者も政治家も認めています。それどころか、軍事目的で利用されてきたことも公文書に記されています。

俗に透視といいますが、見るだけでなく、聞いたり、匂いを嗅いだり、味わったり、触覚で感じることもできるので科学者は遠隔知覚という言い方をします。

遠隔知覚は居ながらにして、自分の体から遠く離れた遠隔地の出来事が五感で感知できる知覚能力のことですが、体外離脱とは似て非なる現象だと考えられています。体外離脱の場合には、意識が体外に出ている間は体内には意識がありません。一方、遠隔知覚の場合には、今ここにいる自分の意識はふだん通りに保ち、普通に身動きもできる状態で、その場の現実も認識しながら遠隔地の様子が知覚できるのです。

米国では遠隔知覚は1970年代に国防にも役立つ可能性のあるヒューマン・テクノロジーとして注目され、リモート・ビューイングという名で研究開発されてきました。CIAが率先して極秘で約20年間のあいだ資金を注ぎ込んで研究し、その能力開発法も確立させ、米軍の諜報活動に利用していました。

きっかけは、冷戦下においてソ連が超能力者を使ってスパイ活動しているという情報でした。いわゆる透視で、実際に軍事機密が盗聴、盗視されてしまう恐れが現実的なものなのか調べる必要があるとCIAは判断しました。そして、国防省御用達のスタンフォード研究所の物理学者で、当時すでにゼロ磁場の研究に熱中し、超常現象の研究に関心がありそうなハル・プットフ博士に研究を依頼したのです。

プットフ博士は、まずスプーン曲げの超能力者として世界的に有名だったユリ・ゲラーや、ニューヨーク在住のアーティストのインゴ・スワン（米国の超能力の学術研究の草分けである「超能力研究所」お墨付きの超能力者として知られていた）などの超能力者の協力を得て、実験を開始しました。

その結果、そのメカニズムは解明できないもの、遠隔知覚や念力といった超能力は確かに実在すると考えられるようになりました。

インゴ・スワンを被験者にした透視実験の結果、スワンに見ることができるのは地球上の遠隔地だけではないことが分かりました。NASAも当時は知らなかった木星の構造までを正確に見て、スケッチすることができたのです。

透視は時間や空間の制約に縛られず、どれだけ距離が離れていても見え方に変わりがないだけでなく、過去も未来も見ることができることが分かりました。

そのスワンが、「透視は自分だけの特殊な能力ではなく、開発可能な人間の潜在能力だ」と主張したことから、米軍の諜報戦略としていち早く透視能力の開発法を確立し、国内に居ながらにしてソ連の動きを透視できる諜報員を育成することになりました。

米軍が実践していた透視諜報作戦

CIAが開発した透視法は、より科学的な印象を与えるために「リモート・ビューイング」と命名され、米陸軍にはリモート・ビューイングで諜報を行なうための極秘の特殊部隊が結成されました。資質があり、訓練の成果が早く出そうな選り抜きの人材が世界から集められ、リモート・ビューイングの研究と実践が繰り返されるようになったのです。

私がリモート・ビューイングを習ったレオナルド・ブキャナンも、米陸軍の透視課報の実践部隊のメンバーでした。欧州で米軍のコンピュータ通信網に関わる任務についた時に、彼が怒りを爆発させた途端に欧州全域の回線がダウンしたという珍事があり、それを目撃した上官に「超能力の資質あり」と見なされ、引き抜かれたのだそうです。

日本のテレビで超能力捜査官として紹介されたジョセフ・マクモニーグルも米陸軍の透視課報隊のメンバーで、透視により極めて詳細な情報を入手し、描写できる有能な人材として活躍していました。彼の場合にも臨死体験などを経て、リモート・ビューイングを始める前に超能力が発現していたようです。

リモート・ビューイングによる課報作戦は「スターゲート作戦」といった名前をつけられ、公式な課報作戦として第一次湾岸戦争の最中まで続けられていました。しかしその後、米議会の知るところとなり、プロジェクトの詳細とリモート・ビューイングの信憑性と効果を明らかにするための調査が実施されました。その時に米議会の要請で作成された報告書の一部が情報公開されたことで、ＣＩＡが透視課報作戦を率先した事実と、リモート・ビューイングの一部の成功例は一般の人の知るところにもなりました。

結局は、「透視による諜報は国家予算に値しない」という議会の意向によりリモート・ビューイング部隊は解散となりました。しかし、元諜報部員たちによると、以前から超常現象に懐疑的な態度で知られる心理学者を起用した報告書では、リモート・ビューイングの効果は過小評価されています。本当に価値ある成果は軍事機密として非公開のままで調査の対象にもならなかったからで、実際には他の方法では入手不可能だった情報がリモート・ビューイングで得られた例も多いそうです。

リモート・ビューイングの成果

たとえば、人が容易には近づけない広大な砂漠のどこかに墜落したはずの最新鋭の戦闘機の残骸がある場所を、リモート・ビューイングで特定できた例もあります。

戦闘機は残骸となっても敵に奪われれば、テクノロジー上の重大な軍事機密がばれてしまう危険があります。このケースでは、リモート・ビューワーがピンポイントで位置を指摘できたため、敵の目に触れる前に残骸を回収でき、難を逃れたということです。

透明人間のように誰にも察知されずに目標物に近づけ、あらゆる角度から観察できることも、リモート・ビューイングの利点です。スパイ衛星では見えないソ連の秘密基地の設備の詳細や、どこかの海底に潜んでいるはずの最新型の潜水艦や、開発中の偵察機の構造などもリモート・ビューワーは手にとるように見えるのです。ドローンをリモートコントロールで操作するように、リモート・ビューワーはそう意図するだけで、心の目で自由自在に角度や方向を変えて見ることができるのです。

リモート・ビューイングは場所の特定や物体の観察だけではなく、人質の生死や健康状態の確認、テロリストの人物の描写といったことにも利用されていました。

リモート・ビューイングのテクニックを使えば、実は目標の情報を得るだけでなく、その目標に影響を与えることができることも分かっています。すべてはリモート・ビューワーの意図次第なのです。つまりリモート・ビューワーが望めば人を癒すこともできるし、逆に独裁者を病気にしたりすることも可能なのです。

リモート・ビューイングは、プリストン大学の物理学部でも20年間にわたって実験研究が繰り返されました。その結果、時間も空間も超えた遠隔地の過去、現在、未来の情報を居ながらにして入手できる能力を人間がもっていることは自明の理となりました。

リモート・ビューイングは軍事目的に限らず、エジプトの遺跡発掘や海底遺跡の発掘など考古学調査の実践にも利用され、成果を上げてきました。米国の石油会社もインゴ・スワンを優れたリモート・ビューワーとして新たな油田の発見に役立つ顧問にしていました。

また、リモート・ビューイングは誘拐事件など警察の捜査にも非公式に利用されてきましたし、医療診断にも利用されてきました。リモート・ビューイングにより人の体内の様子を見ることもできるからです。

透視の秘訣は五感に任せて頭を休めること

超能力といっても、リモート・ビューイングは見る、聞く、嗅ぐ、味わう、触れて感じるという、人がふだん使っている五感を利用した情報収集法です。透視したい目的地や目標物の色、形、音、匂い、味、感触などを感じ取り、バラバラの情報として集めていきます。それを再構成することで全体像が見えてくるのです。

リモート・ビューイングは睡眠中や瞑想中ではなく、普通の意識を保った状態で行ないます。意識は覚醒している必要があるのです。その一方で、最も重要なのは頭を休めた状態を保つことです。極力、論理的な思考や推測、推察、想像に邪魔されず、五感として飛び込んでくるナマの情報を自分の頭で解釈や翻訳させずにそのまま認識し、口頭で伝えながら筆記もしていくのです。

つまり、ふだんとは異なる脳の使い方をすることが必要ですが、訓練により慣れ、上達できることはこれまでの研究から分かっています。

ＣＩＡと米陸軍が開発した透視法は、実際に透視して情報を入手するビューワーと、その補佐、監視役のモニターがペアを組んで行なう方法で、コントロールド・リモート・ビューイングと呼ばれています。

この方法では、透視したい目的や目標物が何なのかはモニターにもビューワーにも知らされません。マネージャーが目標物にランダムな数字をつけて、その数字をモニターに伝えるだけです。

セッションが始まると、モニターはマネージャーから伝えられた番号をビューワーに

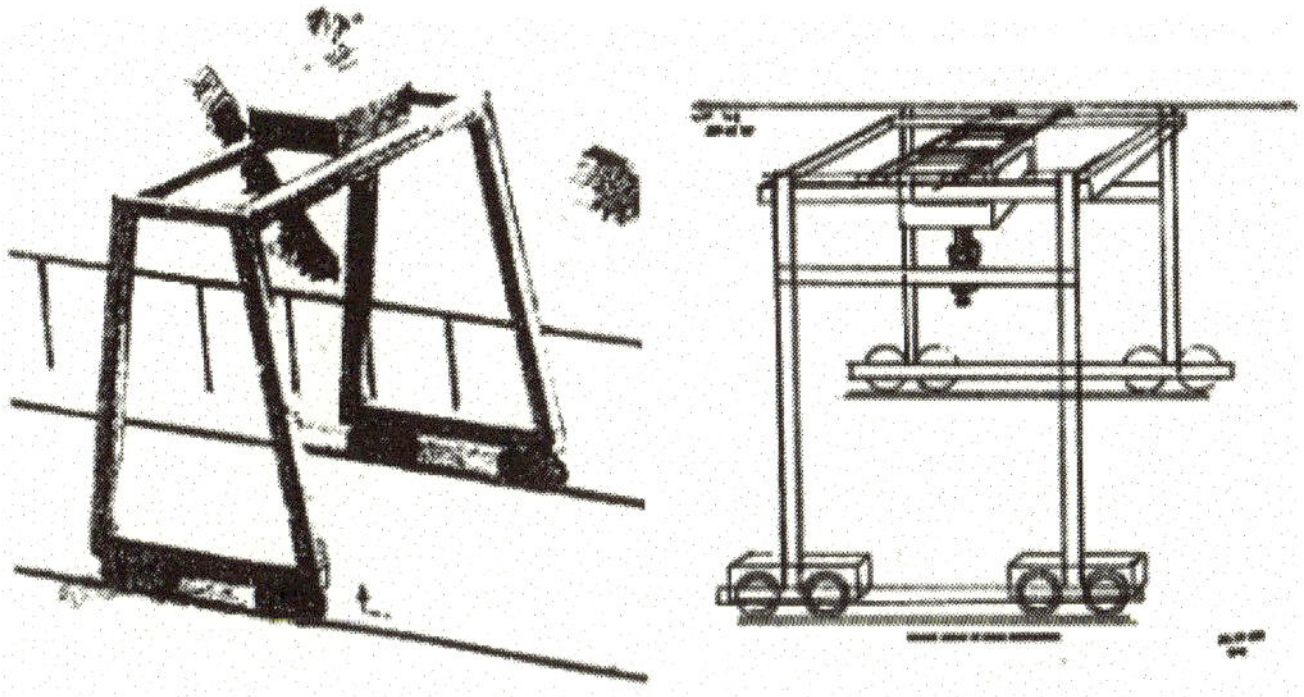

実際に行なわれたリモート・ビューイングの例。
左は、ロシアが秘密裏に開発したクレーンの実物。
右が、米国にいた諜報員が透視して描いたスケッチ。

告げます。ビューワーはその瞬間に得た直感を糸口として、頭に浮かぶ五感からの情報を綴っていきます。

ビューワーもモニターも目的や目標物を知らされない二重盲検方式で行なうのは、目的や目標物が分かれば、それが先入観となり、ビューワーの頭が勝手に想像や推察を始めるからです。モニターにとっても同様で、目的や目標物を知っていると誘導尋問をしてしまいがちです。また、意図せずともビューワーがモニターの頭の中にある情報をテレパシーやリモート・ビューイングで読み取ってしまう可能性があります。ビューワーもモニターも、目的や目標物を知らない方が純粋な情報収集ができるのです。

透視のセッションの進め方

コントロールド・リモート・ビューイングの場合には、ビューワーは自分独自の象形文字を作り、使い慣れるための訓練を受けます。

水なら波線、構造物なら四角、自然の風景は山の形といったように、パッと思い浮かんだ印象を一筆文字にし、それを自分独自の象形文字としてセッションの際に使えるようにしておくのです。

それは直感で得た印象を言葉に逐一翻訳していると、脳の言語領域の活動が活発になってしまい、情報収集を妨げることになるからです。また、なるべくリモート・ビューイング中には言語を使わない方が頭の中での翻訳ミスも起こりにくくなり、純粋な情報を頭から出力できるからです。

コントロールド・リモート・ビューイングのセッションではモニターとビューワーが同席し、２６８ページのステージ１から６までのような段階で情報を収集し、精査していきます。基本的にはビューワーが自主的に五感で得た情報を口頭で伝えながら、白紙に簡単な言葉や絵で記録していきます。

モニターの役目は補佐と監視です。ビューワーが情報を得なくなって沈黙した時に、「色は?」、「匂いは?」、「その後ろは?」といった簡単な質問を投げかけ、ビューワーの五感をリフレッシュさせます。同時にビューワーの頭で想像が働きだしていないか、雑念に影響されていないかといったようにビューワーの状態を監視し、必要に応じてフィードバックを与え、介入します。

モニターはまた、ビューワーの喋り方や筆記の仕方、表情や仕草などの変化も仔細に観察します。調子が乗ってきて、ビューワーがフロー状態になると文字の書き方や筆力が変わったり、たとえば唇を舐めだすようになることがあります。そうした兆候が出てきたら、ビューワーの意識が少し変容し、異次元にアクセスしている証拠で、その時に得た情報は的確であることが多いのです。

実際のセッションは、次のような段階を踏んで行なわれます。

準備段階………雑念をなくすために、ビューワーはいま気にかかっていること、心配事、楽しみにしていることなど、頭や心に浮かぶすべてをメモして「棚上げ」します。

ステージ1……モニターがビューワーにターゲットの数字を告げ、ビューワーはそれを紙に書いた瞬間に浮かんだ印象を自分の象形文字で記します。

ステージ2……ビューワーはまずターゲットが自然か、人工物か、人間や動物かを感じ取ります。

ステージ3……色は？　尖っているか？　匂いは？　音は？　といったように、モニターがランダムに質問し、ビューワーはそれぞれの問いに対して直感で得た印象を書き留めていきます。ビューワーはどの段階においても、これはターゲットの純粋な情報ではなく雑念や推察だと自分で感じた時には、「棚上げ：おなかが空いた」「推察：飛行機」といったように逐一書き出すことで雑念を払います。

ステージ4……物の形なり、風景なりがまとまって見えてきたら、言葉で描写しながらスケッチしていきます。

ステージ5……ターゲットから直感で得た五感以外の印象をメモしていきます。悲しみ、怒り、興奮といった感情や、古い、新しい、ひと気がないとか、辺鄙な場所にある、この時代のものではないようだ、などといった情報です。

ステージ6……場合により立体的な情報が見えてきたら、粘土などで立体モデルを作ることもあります。

最終ステージ…得られる情報が出尽くしたと感じたら、セッションを終了させます。この段階でビューワーは、「最新型の戦闘機のようだ」とか「砂漠にいるが、まだ生きている人質」とか自分なりの推測もメモします。

あらかじめターゲットを決めて行なう演習実験では、リモート・ビューワーが得た情報の正誤や精度は実際のターゲットを見れば確認できますが、諜報活動の実践の場合には、リモート・ビューワーが得た情報の正誤は確認できません。そのため、CIAや米軍の諜報活動では同じターゲットを複数のリモート・ビューワーに別々に透視させて、その結果を比較、検討していました。数人の証言が類似していれば、少なくとも透視目的のターゲットには到達していたらしいことが分かるからです。またリモート・ビューワーからの情報を、可能な場合にはスパイ衛星や人海作戦など、その他の手段で得た情報と照らし合わせて活用していました。

米軍のリモート・ビューワーが時には極めて詳細なスケッチを提供できたり、探していた場所をピンポイントで特定できたりしたのは、もともとその資質が認められ引き抜かれた精鋭部隊だったからという見方もあります。

けれども、リモート・ビューイングは練習を重ねるとコツが分かってきて、直感が冴えてくることは私自身や私の友人たちも経験しています。

論理思考を休ませることで、人間の五感の潜在能力を引き出すというリモート・ビューイングは訓練により開発できる能力であることは確かで、一般の人にとっても気軽に試せる超能力開発法といえるでしょう。

《簡単なリモート・ビューイングの自主トレ》

準備

（1）色や形に特徴のある物や人、印象的な風景など、透視する目標にする写真を他の人に集めてもらいます。
(2) 集めた写真を1枚ずつ別の大型封筒に入れ、封をしてもらいます。
(3) 写真を入れた封筒の端に、アトランダムに5ケタの番号を記入してもらいます。
(4) 写真を入れた封筒は、重ねずに1つずつ別々の場所に保管しておきます。

実践

(1) 白紙の紙を数枚と鉛筆を用意し、日付と場所、開始時間、ビューワーとモニターの名前を書きます。
(2) モニターは、保管されていた写真入りの封筒を1つ選びます。
(3) モニターは封筒の中は開けずに、数字だけ見て、その数字をビューワーに伝えます。
(4) ビューワーは直感的に浮かんだ五感の印象を、口に出してモニターに伝えながら最小限の言葉でメモしていきます。想像や雑念が浮かんだら、「棚上げ」、「想像」として紙の右端にメモしておきます。
(5) 何か具体的なイメージが浮かんできたら、その光景をシンプルな線画で描きます。
(6) 直感が何も浮かんでこなくなったら、終了時間を記し、最後にターゲットは何か、自分の推察を記してから鉛筆を置きます。

（7）封筒の中の写真を見ます。

（8）記載されたメモの事項を写真と比較し、当たっていた項目には○、はずれていた項目には×、どちらとも言えないものには△をつけます。

（9）すべての項目の数と○の数を数え、当たっていた割合をメモします。

念力は至難の業

リモート・ビューイングの学術研究で、透視が人間の潜在能力であることを実証したプリンストン大学物理学部の変則工学研究所は、ＰＫ（サイコキネシス）が現実に起きている現象であることも統計的に実証しています。ＰＫはテレキネシスとも呼ばれ、接触なしに物体に影響を与える能力のことで、日本語では念力です。

科学者はＰＫを2種類に大別しています。マクロＰＫとマイクロＰＫです。マクロとマイクロとはスケールの大小の違いです。触れずに物を動かしたり、スプーンを曲げたり、新芽を発芽させたりといった、裸眼で見えるレベルで物に変化を与えられる能力がマクロPKです。一方、目に見える変化ではなくとも、意志のパワーが物質に影響を与えたことが統計的に証明できた場合には、その能力はマイクロPKと呼ばれます。

プリンストン大学物理学部が研究したのはマイクロPKの方で、ランダムに数字が表示されるように作られた乱数発生装置を使って、操作する人の意図を反映して数字の出方がどう変わるかを何万回にもわたって実験しました。その結果、統計的にみれば人の意識は物体に影響を及ぼす力があると発表しました。

マクロPKができる超能力者の最も有名な例は、日本のテレビでもスプーンを曲げたり、時計の針を動かして見せたユリ・ゲラーでしょう。イスラエルの諜報員でもあったとされるゲラーの言動は怪しく、故意にインチキをしていたこともあったらしいと聞きましたが、彼が驚異的な超能力者であることには間違いないようです。

ゲラーの超能力は、CIAにリモート・ビューイング研究の必要性を認識させた大きな要因にもなったのです。彼の超能力をさまざまな実験で調べたスタンフォード研究所のハル・プットフ博士は、ゲラーが滞在している間はスプーンどころか窓の外の街灯まで曲がってしまったり、物が突然消え、他の場所に現れたり、実験時や実験場所以外でも超常現象が絶えなかったと語っています。

私は取材でマクロＰＫができる超能力者を探すために、関連研究をしている欧米の科学者にかなり聞いて回ったことがありますが、健在する人で名前が挙がったのは３人だけでした。触らずに物を動かしたり飛ばしたりといった類いのマクロＰＫは、超能力のなかでも特別な能力のようなのです。研究者たちによれば、ゲラー級のマクロＰＫが可能な超能力者は滅多にいないか、または人目につかないように暮らしているのです。

ＰＫの練習用サイ・ホイール

ＰＫの訓練法として知られ、科学者が被験者のサイコキネシスのパワーを判定する際にも利用されるのはサイ・ホイールと呼ばれる装置です。小さな正方形の紙に折り目をつけて傘のようにして、台の上に直立させた針や楊枝の上に載せると、風や振動で紙がクルクル動くようにしたものです。またはアルミホイルを小さな長方形に切り、横長に２つ折りにし、針や楊枝で重心をとるように載せたものもあります。これらを手を触れずに動かせれば、それはサイコキネシスだとみられます。

といっても、風や部屋の中の微細な空気の流れ、人の息でも動いてしまうので、本格的に試すには透明なガラスの器などで囲ってガラス越しに念を送ります。装置を両手の間に起き、手と手の間に流れる気で動かすことは訓練次第でできるようになりますが、動く方向などはなかなか意のままにはなりません。

ポルターガイストもＰＫ

さて、誰も触っていないのにテーブルの上の物がスーッと動いた。風もないのに部屋の扉が突然、バタンと閉じた。照明器具や家電製品が突然、点いたり消えたりする。そのような「ポ

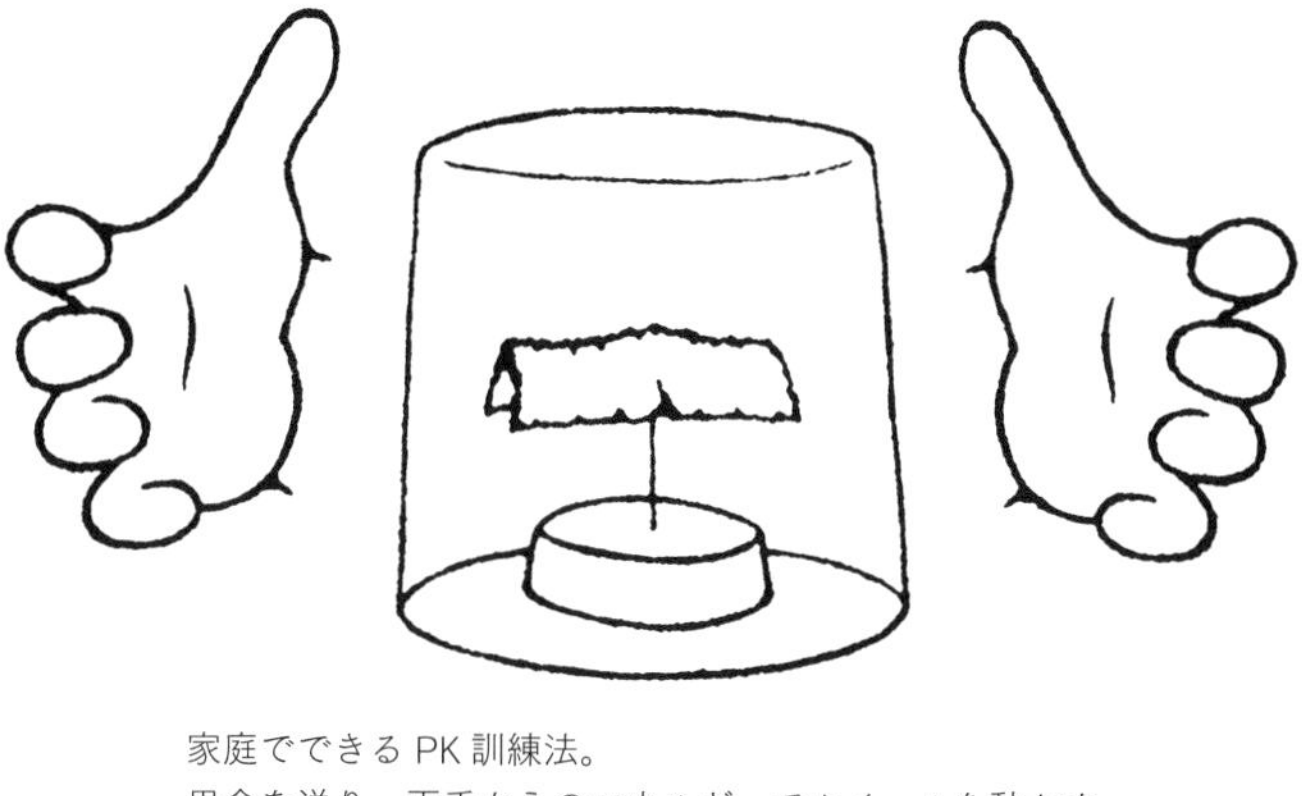

家庭でできる PK 訓練法。
思念を送り、両手からのエネルギーでホイールを動かす

ルターガイスト」と呼ばれる超常現象があります。

ハリウッド映画の想像の産物のようですが、現実の世界でときおり起きうる現象で、警察や科学者の捜査の対象にもなった有名なケースもいくつかあります。

映画ではもっぱら悪質な幽霊の仕業として描かれるポルターガイストは、「実はホルモンの分泌が急激に変化する思春期のティーンエイジャーが、自覚もなく意図せず引き起こす変則的な物理現象、つまりコントロール不能のＰＫだ」と超心理学者たちは考えていました。

しかし、近年になってポルターガイストは個人のみが起こす現象ではなく、環境と人間のエネルギーの相互作用で起こる物理現象だという見方が主流になってきました。

その説によれば、ポルターガイストは思春期のティーンエイジャーに限らず、電磁波的に特殊な体質をもつ人々がいる環境で発生します。その人が住む家が建っている大地や地上の環境条件、家の中の配電やエレクトロニクス機器の場所、さらには太陽や月の活動といった宇宙の環境など、さまざまな条件が重なって、家の中の電磁波環境が特殊な条件を満たした時に環境とその人の間で相互作用が起こり、その結果、物が飛んだりする物理的な突発事象が起こるというものです。

研究者たちは、そうした人々をポルターガイスト・エージェントと呼んでいます。

ポルターガイスト・エージェントの予備軍は世の中にたくさんいるはずです。超能力者やエネルギー・ヒーラーの多くは、時計やコンピュータやその他のデジタル機器などエレクトロニクス製品とは相性が悪いことに気づいています。パワースポットに行くと、他の人は大丈夫なのに自分だけカメラが動かなくなったりする人も、ポルターガイスト・エージェントの予備軍なのかもしれません。臨死体験を経た後に、しばらくの間、何度引っ越してもポルターガイスト現象に悩まされたという話も聞いたことがあります。

私も今では自分が、ポルターガイスト・エージェントの予備軍らしいことは自覚しています。時計は何度買い替えてもすぐに故障してしまうので、ついに身につけるのを諦めました。取材に使うボイスレコーダーは事前にチェックして問題がなかったのに、現場で故障することがあまりに多いので最低3つは用意していきます。ストレス過剰になると、コンピュータまでが異常な動きをしだします。瞑想しだすと本棚がカタカタ音を立て始めることも多いので、脳波のパターンが変わると起こる現象なのかもしれません。

イーレン気功のクラスでは同様の体験をする人は多いので、とくに不思議にも思わなくなりました。ソン博士には、「気のパワーが高まってきた一方、しっかり大地とつながり、グランディングできていないからだ」と言われました。

先日、コンピュータ会社のテクニカル・サポートをしているという人とパーティで会い、そんな話をしていると、「操作ミスではなく、コンピュータを故障させやすい人たちがいることはコンピュータ会社も認識している」とのことでした。

スプーン曲げのＰＫパーティー

マクロＰＫのなかでもスプーン曲げは、環境などの条件が整えば発現しやすい超能力のようです。私も科学者の学会の余興としてホテルの宴会場で行なわれたスプーン曲げパーティで、スプーンだけでなくフォークの先まで自由自在にグルグル曲げられた経験があります。その時には、参加した数十人の科学者やその家族のほぼ全員がスプーン曲げに成功していました。

その会の講師は航空宇宙工学専門のエンジニアで、超能力の研究者だったジャック・フックでした。彼が主に科学者やエンジニアを集めて行なうスプーン曲げパーティーを主催し始めたのは１９８１年のことでした。その後の12年間だけでも２５０回以上、延べ1万人を超える人にスプーン曲げのテクニックを教え、彼なりの理論なども発表していましたが、数年前に亡くなっています。

フックはエンジニアらしく各回の参加人数、成功率、参加者の特質などを几帳面に記録していました。それを分析した結果、スプーン曲げパーティーは人数は15人以上いた方が成功しやすく、20人に1人程度の指導補佐役をつけるようにすれば、大人数でも成功率は85％ほどになるとしています。

また、用意していた金属のスティックに余分が出て、誰も触らなかった金属のスティックを会場のテーブルに置いたまま解散して、翌朝取りに戻ると、金属のスティックが曲がっていたこともあったそうです。

そうしたことから、大勢の人が同じ目的で集まるとその場に特殊なエネルギーのフィールドができ、ＰＫが起こりやすくなるではないかとフックは考えるようになりました。フックによれば、スプーン曲げパーティーでは、いつも最初の40分間ぐらいはフックがＰＫパーティの歴史や手法を説明するようにしていました。その間に参加者の期待感と熱気が高まり、ＰＫが起きやすい環境になるようです。

私が参加したPKパーティーでは、科学者たちは半信半疑のような面持ちでしたが、子どもたちは大はしゃぎで、フックがスプーンの曲げ方の指導に入る前に、手にしたスプーンやフォークを曲げてしまった子どもたちもいました。

私はジャーナリストの取材として参加していましたし、内心、自分にスプーン曲げができるとは思っていませんでした。

実は、高校生の頃にテレビでユリ・ゲラーのスプーン曲げが話題になった時に、試してみても曲がらなかった経験があったからです。その時には、スプーンどころか厚い金属片を放り出しただけで曲げられるようになってしまった同級生がいたので、スプーン曲げがマジックではないことは知っていましたが、いくら真似をしてやってみても、当時の私は曲げることができませんでした。

そんな記憶があったので「曲がらないだろう」と思いながら、スプーンの柄を軽く指で擦《こす》っていたのですが、そのうち、突然「あっ、曲がる！」と思いました。小さな悟りを体験したのです。その瞬間、スプーンは熱くなり、柔らかくなり、飴細工のように曲げられましたが、ほぼ10秒ほどすると、元の冷たく固い金属に戻ってしまい、動かせなくなりました。その時に曲げたり完全に折って切ったりした数本のスプーンやフォークは、今でも記念にとってあります。

フック式のスプーン曲げ術はいたって簡単ですが、最も重要なのは、念を送ったあとはサッと気を緩め、その後はなるがままに任せることです。

意志の力で無理強いしようとすると、宇宙のエネルギーの流れを止めてしまうことになるので逆効果なのです。この「自分の意図をはっきりさせたら、力を抜き気を緩める」というテクニックは、触れずに物を動かすといった別のタイプのPKにも当てはまると言われています。

超能力を発現させる秘訣のひとつは、「レット・イット・ビー」、願いをかけたらあとは天にお任せするということなのです。

《ジャック・フック式スプーン曲げ》

（1）ステンレス製のスプーンの束の中から、これなら曲がりそうだと直感的に感じたものを選びます。

（2）スプーンの柄に軽く触れながら、選んだスプーンとの精神的つながり、一体感を感じます。オレンジ色の光の玉が頭のてっぺんから体内に入り、肩から手に流れるところを想像します。

（3）「曲がれ、曲がれ、曲がれ」とスプーンに向かって念を込めて叫びます。

（4）次の瞬間には念を送るのをやめ、気を抜きリラックスします。

（5）スプーンが熱く柔らかくなったら力を入れずに、簡単に曲げたり折ったりできます。

人は誰でもヒーラーになれる

触れずに人体に変化を起こせる気功やその他のエネルギー・ヒーリングも、広義ではマクロＰＫに入ります。

エネルギー・ヒーリングの効果について欧米では１９９０年代の初頭から医師も科学的な目を向けるようになり、実験や研究も盛んに行なわれてきました。ヒーラーは患者と同室する必要もなく、ヒーラーがそう意図するだけで、遠距離にいる患者の症状が改善することを示す臨床試験の報告例も少なくありません。

米国ではすで1970年代にニューヨーク大学医学部看護学科の教授だったドロレス・クリガー博士が、手かざしヒーリングを「セラピュティック・タッチ」と名づけて提唱していました。からだに直接は触れず、看護師が患者のからだの周りに手をかざして行なうエネルギー・ヒーリングで、看護師は手の平で感じる感覚の違いで患者の生命エネルギーの流れや患部の状態を診断し、エネルギーのバランスを整えます。

セラピュティック・タッチは提唱者が看護のプロでしかも大学教授だったことや、信憑性を疑われそうなエネルギー・ヒーリングとは呼ばなかったこともあり、看護師の間でたちまち広まりました。今では看護師の正規研修にも取り入れられ、病院の入院患者のケアなどに実践されています。また最近では、外部のエネルギー・ヒーラーと提携して、治癒を促進する付随療法の一つとして患者にエネルギー・ヒーリングを提供している大手病院もあります。

欧米では過去半世紀の間に、エネルギー・ヒーリングは一般社会でも心身を癒すセラピーとして市民権を得て、さまざまな名前のついたエネルギー・ヒーリングが生まれ、実践されようになりました。有名になったヒーラーがテクニックを教えるワークショップも盛況で、そうしたワークショップに通っているうちにヒーリングができるようになり、プロのヒーラーになる人も増加する一方です。そういう意味では、ヒーリングは最も訓練で開発しやすい超能力だといえそうです。

はじめは自分が学んだエネルギー・ヒーリングのやり方を忠実に守っていたのが、他人を癒す体験を積んでいるうちに、直感で患者に必要なことが分かるようになったり、癒しが必要な部分が透視できるようになる人も少なくなくありません。ヒーリングの実践を通して、その他の超能力を開花させていくこともできるのです。

ヒーリング中には脳から出る波動が変わる

エネルギー・ヒーリングでヒーラーが手を触れずに、意図するだけで他人の心身の健康に変化を与えるメカニズムや、ヒーラーが他の人とどう異なるのかといった研究はあまり進んでいません。

エネルギー・ヒーリングを行なっている最中には、ヒーラーの脳のどの部位の活動が活発になるのかを調べる研究は増えてきたのですが、ヒーラーによって異なる結果が出ることが多く、研究者を困惑させているのです。

たとえば、臨死体験の後にヒーリングの能力が発現し、細胞遺伝子学の研究所を閉鎖してフルタイムのエネルギー・ヒーラーになったジョイス・ホークス博士は、以前にテレビ番組用に日本の大学の研究所で脳を検査されたことがあります。その時にはホークス博士が目の前にいる患者のヒーリングを始めると、前頭葉の働きが活発になったのが観察されました。

一方、イーレン気功のソン博士を被験者にしたワシントン大学の実験では、ソン博士が遠隔地にいる患者に癒しを目的として気を送る外気功をしている時には、前頭葉だけでなく脳の全体の活動が活発になっていました。

二人ともたまたま専門を同じにする生物学者でもあるので、論理的な思考とヒーリングという頭の使い分け方は似ていてもよさそうなものですが、ヒーリング中の脳の活動では大きな違いがあったのです。

ソン博士の場合には、気を出している最中の脳の変化をより詳しく調べるためのｆＭＲＩを使った実験も計画されましたが、何度試みても実験しようとするとｆＭＲＩが作動しなくなり、結局実験は中止になりました。優れたヒーラーほど強い電磁波を発生させ、計測器がうまく作動しなくなってしまうことが多く、それがヒーラーの研究を難しくしている大きな要因にもなっているのです。

ヒーリングの最中にヒーラーや患者の脳波が変化することは、脳波計で測ってみても分かります。瞑想を試みている間と遠隔ヒーリングを試みている間では脳波のパターンが変わることは、私自身も脳トレ・クリニックの脳波診断で確認しています。「他人の癒しを助ける」と意図した瞬間に脳波が変わり、低周波数のシータ波が増えると同時に高周波数のガンマ波が増えていました。

こうした脳波の変化は、一般の人の脳トレ用に市販されているバイオフィードバック装置の脳波計でも調べることができます。著名なヒーラーが家まで来てくれた際、ソファに横たわっている私に彼が1メートルほど離れた椅子からヒーリングのエネルギーを送る瞑想をしている時に、彼と私の脳波がどう変わるのかを調べてみたことがあります。その時には、数秒遅れで私の脳波のパターンは彼の脳波のパターンを追い始め、やがて同調し、同じ波形を描き始めました。

スピリチュアル・ヒーリング

神仏に祈ることで癒しをもたらすスピリチュアル・ヒーリングも、米国では昔から主にキリスト教の教会で提供されてきました。

多くの教会には今でもプレイヤー・サークルという定例行事があります。メンバーが集まり、輪になって癒しが必要な人のために一緒に祈るのです。また牧師や神父が信徒に指を触れるだけで癒しが起こるとする、奇跡の癒しを専門にしているキリスト教の教会は全米にあります。なかには数千人から1万人以上の信徒が奇跡を求めて集まる教会もあり、メガチャーチと呼ばれています。

そうしたスピリチュアル・ヒーリングは、キリスト教の神様やキリスト、聖母マリアその他の聖人に呼びかけることにより起こる奇跡だという解釈に基づいたもので、信者たちによれば、エネルギー・ヒーリングとは別物です。

聖書にはキリストがらい病患者も含む多くの人々を癒し、死者さえ蘇らせたことが記されていますが、それは神の子だからできたこと。キリスト教の神様に祈らなくても、手をかざしただけで人を癒せるエネルギー・ヒーラーは、キリスト教会では認められないどころか悪魔の手先として恐れられ、忌み嫌われてきたのです。魔女狩りの時代にはエネルギー・ヒーラーとしての資質をもって生まれ、人を癒したために魔女と認定され、殺された女性たちもいたのでしょう。

しかし、実際のところはスピリチュアル・ヒーリングとエネルギー・ヒーリングが異なる超常現象であるかは定かではありません。特定の宗教に帰依していないヒーラーが行なうエネルギー・ヒーリングでも、セッションの途中でヒーラー自身、または患者がキリストや聖母マリアや天使のイメージを見たり、聖なる存在の気配を感じることはよくあるからです。

エネルギー・ヒーリングで人を癒すには特別な能力が必要だとしても、ヒーラーは自分自身のエネルギーで人を癒せるわけではありません。ヒーラーの能力とは、癒しが叶う次元と患者を結ぶ橋渡しができることで、そういう意味では奇跡の癒しを起こす聖人や教会の牧師と変わらないのです。

第13章

夢を叶える引き寄せ力

引き寄せの法則

ヒーラーに頼らなくても自分でヒーリングができるだけでなく、「恋人が欲しい」、「家が買いたい」、「海外旅行がしたい」などといったさまざまな現世利益的な望みも叶う超能力として数年前から世界中で注目されるようになったのは、引き寄せ力でしょう。

自分が強く希望し、その実現を具体的に思い描くことで、その夢が現実になるという現象です。引き寄せ力は2006年に出版された『ザ・シークレット』（角川書店）、『引き寄せの法則―エイブラハムとの対話』（SBクリエイティブ）といった書籍やその映画化をきっかけに爆発的な人気となりました。

売れない俳優だったジム・キャリーが自分を励ますため、未来の日付で自分宛ての1000万ドルの小切手を書き、よく取り出しては眺めていたら、映画の主演に抜擢され、1000万ドルのギャラを得た、などといった引き寄せの法則で成功したスターの逸話なども数多く紹介されています。

テレビ・タレントとして大成功して自分のテレビ局まで経営するようになり、アメリカン・ドリームの好例とされるオプラ・ウインフリーが、「人種差別意識の根強い米国で、黒人女性の自分が成功したのは引き寄せの法則に従ったからだ」と絶大な支持を寄せたこともあり、引き寄せの法則はさらに大きな人気となりました。

しかし、実は引き寄せの法則の源流は19世紀末まで遡ることができます。その頃に、「物事を否定的に考えるのをやめて前向きに未来を見ていると、未来はその方向に動いていく」といういわゆるポジティブ思考が提唱されたのです。それ以降、ポジティブ思考の大切さが、忘れられた頃になると天からの人類へのリマインダーのように、同様の考え方を提唱する本がベストセラーになり、再注目されるということを歴史は繰り返しているのです。

想い入れと思い描く力が引き寄せ力になる

引き寄せの法則に影響を与えたのはいくつかありますが、ひとつは、1970年代にシャクティー・ガーウェインという名もない米国の女性が書いてベストセラーになった"Creative Visualization"（『すべての夢をかなえる宇宙の力』（ぶんか社文庫）ほか今まで3種類の邦訳版が出ている）。

未来に起きて欲しいことを、なるべく具体的にビジュアルなイメージとして頭の中で既視化し、同時にそれを実現させるための前向きな自己暗示をかけていると、良い方向に人生が動き出すという内容です。ガーウェインは科学者でも心理学者でもありませんでした。ごく普通の女性が、ただ自分の頭に思いついたことを友人に話していたところ、とても喜ばれ、「本にしろ！」と強くすすめられ、ためらいながら書いたというその本は、世界で700万部という大ベストセラーかつロングセラーになりました。

ビジュアリゼーションの効果を真っ先に証明したのはスポーツ選手でした。訓練やリハビリに利用すると、確かな効果があるのです。怪我の療養中などで体を動かして練習できない時に、頭の中でマスターしたい動きをシュミレーションしていると、運動能力が実際に高まります。ビジュアリゼーションのおかげでオリンピックで優勝できたとする選手も出てきました。

ビジュアリゼーションの医学的価値は科学的にも説明がついています。想像で描いたビジュアルと、目で見た現実の出来事の違いが人の脳では判別できないのです。ですから、実際にはベッドで寝たきりになっていても、ビジュアリゼーションで足を動かせば脳が生化学反応を引き起こすのです。

ビジュアリゼーションはイメージ療法として医療や心理療法にも活用されています。自分が快適なビーチで寛《くつろ》いでいる情景を頭の中で描き、想像力で五感を働かせ、感情を導入すれば、それでストレス反応を抑えることができるのです。

「白血病にかかった子どもに、味方の戦闘機がガン細胞を次々と攻撃していくスター・ウォーズの戦いのような情景を想像させていたら、白血病が治癒した」といった臨床例も発表され、イメージ療法は有益な代替療法のひとつとして普及したのです。

引き寄せの法則でも、引き寄せ力を最大限に発揮するためには、望む未来をしっかり視覚的にビジュアル化することが重要視されています。その未来を生き、喜びに満ちている自分を、頭だけでなく心から感情をしっかり移入して想像することで、その未来を引き寄せることができるとされています。

引き寄せの法則で絶対に忘れてはならないのは、「天はネガティブなエネルギーには報いてくれない」ということです。他人の持ち物を欲しがったり、他人を蹴落として自分がその地位につくことや、不倫の恋の成就を願ったりすることは厳禁です。そんな自分勝手な夢は実現できないだけでなく、周囲に犠牲者や被害者を出すネガティブなエネルギーを引き寄せてしまうのです。

また、夢を叶えるために乗り越えなければならない障害があることが分かっている場合には、その障害を乗り越える方法も具体的に想像し、ビジュアル化します。

超高速ビジュアリゼーション

引き寄せ力を高めるビジュアリゼーション法として、最近、注目を集めている不思議な方法があります。聖ジョセフ大学（米国ニューヨーク州）のウィリアム・ベングストン博士が開発したビジュアリゼーションのテクニックで、ビデオを高速再生するように、頭の中で実現させたい未来のシーンを次々と想像していくというものです。

この特殊なビジュアリゼーションのテクニックは、そもそもエネルギー・ヒーリングの手法として開発されたものでした。ベングストン博士は社会学が専門の統計学者ですが、個人的な関心からエネルギー・ヒーリングの臨床研究例の統計研究を始めました。そのうちに偶然に意図するだけで空の雲も動かせる超能力者と知り合ったことから、致死の発ガン剤を投与したマウスをその超能力者が手かざしで癒せるかを調べる実験に乗り出しました。その副産物として生まれたのが、このテクニックです。

頭の中で超高速ビジュアリゼーションをしながら、檻の中のマウスに手をかざしていると、ヒーラーではないはずのベングストン博士にもアシスタントの学生にもマウスを癒せたのです。

そのうちに超高速ビジュアリゼーションを使えば、ヒーリングだけではなく、その他の夢も叶うことが分かりました。実際に試してみて、「念願の家が買えた」とか「新車が買えた」といった報告がベングストン博士のもとに届き出したのです。

ベングストン博士のこれまでの研究によれば、その方法は何故か、行なう人自身の利益になることにのみ効果があります。他人のために行なう時には、その人の夢が実現したことを喜んでいる自分を想像するのです。マウスの癒し実験でも、ヒーラー役の学生たちは健康になったマウスではなく、実験の成功を祝っている未来の自分の姿を想像したことで癒しのパワーが発揮できたそうです。

この不思議な超高速ビジュアリゼーション法のメカニズムはまだ解明されていませんが、頭の中で映像の超高速再生を行なっていると、意識が少し変容してフロー状態になることは確かなようです。頭がクラクラしてくるという人が多いことから、高速ビジュアリゼーションを行なうと特殊な波動が出て、異次元にひとつの可能性として存在する夢の未来を現実に引き寄せてくれるのかもしれません。

《ビジュアリゼーションの練習：りんごのビジュアリゼーション》

（1）リラックスし、瞑想をする時のように頭から雑念を払います。

（2）自分がりんごを手に持って、眺めているところを想像します。

(3) なるべく具体的に、そのりんごの形や、色合い、重み、固さ、表面の感触などを立体的に思い浮かべます。
(4) 次に、想像のなかで、そのりんごを一口かじります。
(5) かじった瞬間の歯ごたえ、ほとばしる果汁、甘酸っぱさ、口の中での感触などを詳細に、ビジュアルと五感を動員して仮想体験します。
(6) おいしいりんごを食べることができた喜びと感謝の気持ちを、心から感じます。

《クリエイティブ・ビジュアリゼーションの基本》

準備：未来に実現させたい自分の夢をリストにします。
(1) リラックスして瞑想をする時のように、頭から雑念を払います。
(2) 実現させたい未来を、なるべく具体的に決めます。
(3) 夢が実現した未来にいる自分の姿を想像します。
(4) 未来の自分がカラフルで光り輝いているイメージを想像します。
(5) その未来に感情移入し、夢を実現できた喜びと感謝の気持ちを感じます。
(6) 気を緩め、頭を空《から》にして瞑想します。

《超高速ビジュアリゼーションの基本》

準備：未来に実現させたい夢を最低10項目、リストにします。

（1）夢の未来のリストを暗記します。

（2）リラックスして瞑想をする時のように、頭から雑念を払います。

（3）夢の未来のリストをひとつひとつ、頭の中で映像にします。

（4）自分がそれぞれのシーンの中心人物である様子を想像して、喜びと満足感を感情導入します。

（5）ビデオを高速再生するように、頭の中の想像のスクリーンに夢の未来の映像を次々に映します。

（6）喜びと満足感を実感しながら、徐々に再生スピードを上げて、最後には個々の内容が判別できないほどの超高速で再生し続けます。長く続けられるほど効果的です。

魂の夢を叶えてあげたい

想像力を駆使したビジュアリゼーションは、物質的な望みなど具体的にイメージしやすい夢を叶えるのに効果的な引き寄せ法です。では、形では示せない、より精神的な希求や問いかけへの答えを引き寄せるにはどうしたら良いのでしょうか。

「お金や贅沢な暮らしもいいけれど、本当に望んでいるのは心の充足感」、「仕事も家庭も順調だけれど、この世に生まれてきた本当の目的を果たせていないような気がする。自分が現世で果たすべき目的を知りたい」、「欲しいのは物ではなく、自分を導いてくれる叡智」。本書を手にとられた方のなかには、そんな方も少なくないことでしょう。

私自身の夢も、生きている間になるべく多くの気づきを得て悟りに近づくことです。そうした、いわば魂の夢は簡単に叶うものではないことは分かっていますが、人知を超えた次元に身を置く時間を増やすことで、現実と夢の格差は縮まっていくのではないかと思っています。

そのために必要なのは、ビジュアリゼーションによる引き寄せとは逆で、ふだんは外界に向いている意識を内側に向け、頭を休め、こころを落ち着け、何も考えない、想わない境地に至ること。その境地から高次元への扉が開かれ、真摯な魂の呼びかけへの答えを引き寄せることができるのです。

そこへ至る道はひとつではなく、最も効果的な方法はその人の性癖や信条、環境によって異なるでしょう。私自身はイーレン気功とチベット密教の修行に惹かれ、実践しているので、ここではイーレン気功のエクササイズをご紹介しておきます。けれども、特定の宗教や瞑想法、精神修行に頼る必要はなく、自然に無理なくできる方法で、魂の夢を叶える時間をつくっていけばいいのです。

《自分の限界を越え、夢が叶う道を拓くエクササイズ》

（1）真気を活性化します。（165ページ掲載のエクササイズ）

（2）人指し指だけを伸ばしたまま、両手の小指と薬指と中指を閉じ、親指を重ねます。

（3）胃の高さに両腕を上げ、人差し指が向かい合うようにします。

（4）自分を制限している思い込みや信条の気のエネルギーが、経絡を通じて胃と膵臓から腕に流れ、両手の人指に溜まるように意図します。

（5）胸の高さに手を上げ、すべての指を開き、親指の先を触れ合わせ、すべての制限を捨てるよう意図して、両腕を前に押し出します。

（6）両手を胸の前で合わせ、丹田（下腹部）の高さに下げます。

（7）2～6を6回繰り返します。

第14章

心を合わせれば、人類の未来は変わる

意図するとそれが未来になる

引き寄せ力やクリエイティブ・ビジュアリゼーションで夢が叶ったという個人の逸話は豊富にあります。では、複数の人が集まり、人類にとって共通の利益となるひとつの目的を設定して共通の夢の未来を想像したら、その夢は実現できるのでしょうか？

その疑問に答えるために２００７年に開始され、現在も続行中の研究プロジェクトがあります。「グローバル・インテンション・プロジェクト」です。多くの人を集めてひとつの共通の意思を発信して、その意思のエネルギーで社会に良い影響を与えようという試みです。

プロジェクトの発起人は、以前から超能力や量子力学に関心を深めていた女性ジャーナリストのリン・マクタガートです。アリゾナ大、プリンストン大、ケンブリッジ大などの世界の著名な大学や研究機関が参加し、30カ国、数千人のボランティアが協力している大規模な研究に発展しています。

インテンションは、日本語に訳せば意図や意思。意志（Will）とは微妙にニュアンスが異なります。「意志」には志（こころざし）という念がこもっている感じがしますが、意思の場合には望む目標をクリアーに設定して意識を向けるという程度で、是が非でもという力みがないのです。

自分の力ではなく、神仏や人間の存在を超えた神秘なパワーに望みを託す「祈り」に近い概念のようですが、マクタガートはおそらく宗教的な色合いを避けるために「インテンション」という言葉を使っているのでしょう。祈りの実験にすると、自分とは異なる宗教をもつ人と一緒に祈ることに抵抗をもつ人が出てきて、世界中の人を被験者にした実験はうまくいかないからです。

実際、マクタガートがその研究を思いついたのは、「祈りには治癒効果がある」とした臨床研究や、「瞑想で米国の首都ワシントンの平和を祈ったところ、その間の犯罪率が過去5年間の平均と比較して23・3％減になった」といったヨガ団体の発表に、ジャーナリストとして懐疑心を抱いていたからでした。

人が水に愛とか怒りといった意識を向けると、結晶の形が変わるとした日本の江本勝の研究発表もマクタガートにとっては信じがたく、自分が信頼できる科学者たちを動員して実験してみることにしたのです。

彼女は、インターネットを利用して世界中から参加者を募り、汚染水の浄化、人の癒し、世界平和といった意図をみんなに同時にもたせて10分間の短い瞑想をさせるという実験を思いつきました。目的を絞れば、後で検査したり統計を調べることで、効果があったかどうかが明確に検証できるという発想でした。

世界から1500人がネットで参加して、参加者が意図し、ロシアのセントペテルスブルグの研究室に置いてあるボトル入りの水に影響が出るかどうかをみた実験では、実験の10分前と10分後では水の分子構造に明らかな変化があったことが観察されました。

しかし、世界平和や犯罪現象といったことを意図した実験では、断定的な結果は出にくいことも分かりました。

たとえば、戦闘が激しく続くアフガニスタンの特定の地域に平和をもたらすという意思で、参加者がネット上で集まり、毎日同時に10分間、10日間にわたって瞑想した実験では、後にマクタガートが国連や米国防省に取材して調べたところ、爆破の起きた回数、死傷者数、爆撃数などがその10分の間には減少していました。

しかし、戦闘数の変化などには戦局の変化や外交、天候などさまざまな要素が絡むので、人の意識がどれだけ影響したかの判断は統計学者にも極めて困難でした。

また内戦が続いていたスリランカの平和を意図する実験では、人々が瞑想していた10日間に逆に戦闘が激しくなったものの実験が終わった直後から戦闘は激減し、数カ月後、25年間にわたって延々と続いていた内戦は終結しました。

その10日間に政府が大規模な攻撃に出た結果、反対勢力を完全に抑圧できたのが終戦の直接の要因とみられますが、実験時期が偶然だったのか、人の意識が政府の意志決定に影響していたのかは誰にも知るよしはありません。

人の善意にはブーメラン効果がある

さて、マクタガートが始めたグローバル・インテンション・プロジェクトでは、数千人が同時に共通の意思をもつと、それを現実にする引き寄せ力が生まれることが明らかになったことから、次に少人数の人が集まって同時に共通の意思をもっただけでも引き寄せの効果が出るのかを調べることになりました。世界からプロジェクトに参加したい人々を集め、ランダムに8人ごとのグループにして、定期的にネット上で集まらせ、グループごとに共通のひとつの意図で瞑想してもらう実験が始まりました。

その実験では、グループがメンバーの一人や、グループ外の特定の個人の癒しを共通の意図として、グループのメンバーが同時に瞑想するという実験が繰り返されました。その結果、祈りの効果や遠隔ヒーリングにも懐疑的だったマクタガートも複数の人が一緒に意図すれば、ヒーラーではなくても他人を癒すことができると確信しました。

しかし、マクタガートによれば最も驚異的な発見は別にありました。実験に意図を送る側として参加した人たちから、「実験後に自分の病気が改善された」、「良い仕事が見つかった」、「人間関係が急に改善された」といった朗報が殺到したのです。癒しや平和といった「人のため、世界のため」になることを意図した時には、意図した人自身にも良い変化が表れるようなのです。

その理由のひとつは、医学的に説明がつきます。先に紹介したように愛とか思いやり、福祉の精神といった善意をもつことで、体内では神経反応、化学反応、生体エネルギーの反応により心身の機能を高める良い循環が生まれることは、すでにハートマス研究所の研究結果などでも示されているからです。

しかし、理由はそれだけではないようです。少人数のグループ実験でも、世界中の人が参加するネットでの大規模な実験でも、実験をするたびに瞑想の最中にからだが熱くなったり、強い電磁波圏に入ったように感じたり、異次元の世界に入ったように感じた、といったコメントが送られてくるからです。

その現象がどういうことなのかは解明されていませんが、利他の精神で社会奉仕に尽くしていることが自分自身の癒しや悟りへの早道になるのなら、それに越したことはないのかもしれません。

（本文中、敬称略）

あとがき

人類の進化が加速し始めている気がします。米国でそれに大きく貢献しているのはインターネットでつながるソーシャルメディアです。時空を越えて世界中の人々が意図的に意識エネルギーでつながるイベントも頻繁に行なわれるようになり、最新の脳神経学、自己啓発や能力開発、エネルギー・メディスン、シャーマニズムなどの分野のありとあらゆるセミナーが毎日のように無料で提供され、価値ある情報が瞬く間に世界に広がっています。フェイスブックでの仏教法話のライブも人気で、数万人規模のサイバーサンガ（仮想空間に集まる檀家）を集める僧もいます。

そうしたこともあってか、スピリチュアルなことに関心をもつ人々の裾野も広がり、かつてはごく限られた特別な人だけにできた癒しや透視、テレパシーといった超能力を発揮できる人が珍しくなくなっています。私も少しずつそうした能力を磨いています。

私は20代の頃は流行の先端を追いかけるコピーライターでした。ブランド志向で、人が外側にまとえる美を求めていたのです。渡米してジャーナリストに転身してからは、人の内側の美と健康の大切さに気づき、医学の最先端の情報を追いかけるようになりました。けれど、根本的な癒しにつながらないばかりか副作用の危険も大きい先端医療に失望し、人の心とからだと魂を一体として、その癒しを求める世界の伝統療法やエネルギー・メディスンに関心を深めるようになりました。

体験取材でさまざまなセラピーを学び実践するようになり、今ではシアトルでエネルギー・メディスンのセラピーとトレーニングを提供しています。

そして、「人を癒やす立場にある人はまず自らが健康で、清く正しくなければならず、さらに天からの支援が得られる神通力を得られるようになるべきだ」というチベット仏教医学の教えに従い、心身を清め、悟りに少しでも近づく努力も始めました。

ボーダレスの時代になり、かつてのように情報が伝わるまでの時差もなく、日本にいても世界中の人と体験を共有し、歩みを進められるようになっています。とはいえ、実際には言葉の壁に阻まれて、海外からの情報を直接には得られずに無念な想いをしている方も多いことでしょう。本書が少しでもそんな皆様のお役に立てれば光栄です。

《 参考文献 》

"One Spirit Medicine"

—By Alberto Villoldo, Ph.D. (Hay House)

"Science of the Heart"

—By Rollin McCraty, Ph. D. (HeartMath Institute)

"Surviving Trauma School Earth"

—By Brent Baum (Healing Dimensions)

"Supernormal"

—By Dean Radin, Ph.D. (Deepak Chopra Books)

"Tibetan Medicine"

—By Rechung Rinpoche (University of California Press)

"Rainbow Body"

—By Togden Ugyen Tendzin (North Atlantic Books)

"The Tibetan Art of Dream Analysis"

—By Dr. Nida Chenagtsang (Sorig Press)

"The TibetanArt of Good Karma"

—By Dr. Nida Chenagtsang (Sorig Press)

"Qigong Internal Activation"

—By Guan-Cheng Sun, Ph.D. (IQIM)

"The Secret of Golden Flower"

—By Richard Wilhelm and C.G. Jung (Harcourt Brace Jovanovich)

"How Enlightenment Changes Your Brain: The New Science of Transformation – June 6, 2017"

—By Andrew Newberg, MD. & Mark Waldman(Avery)

"Navigating The out-of-Body Experience"

—By Graham Nicholls (Llewellyn)

"The Secret Vaults of Time"

—By Stephan A. Schwarts (Hampton Roads)

"Natural ESP"

—By Ingo Swan (Bantam)

"Remote Viewing Secrets"

—By Joseph McMoneagle (Hamptom Roads)

"Core Light Healing"

—By Barbara Ann Brennan (Hay House)

"The Telekinesis Training Method"

—By Sean McNamara (Mind Possible)

"The Energy Cure"

—By William Bengston, Ph.D. (Sounds True)

"The Field"

—By Lynne McTaggart (Harper Prennial)

"The Power of Eight"

—By Lynne McTaggart (Atria Books)

著者プロフィール

エリコ・ロウ（Eriko Rowe）

ジャーナリスト、バイオ・エネルギー・トレーナー、元ワシントン大学非常勤講師。

NHKや著作の取材を通じ、最先端医療から先住民族の癒やし、チベット仏教医学まで、古今東西の医療の科学性を長年にわたり検証。効果が実証された伝統療法や道家気功、エネルギー心理学療法、超能力開発法などを実践で学び、イーレン気功、アドハート（ハートマス）などの認定講師としても活動中。

『アメリカ・インディアンの書物よりも賢い言葉』（扶桑社）、『誰もが知りたい上手な死に方、死なせ方』（講談社）、『死んだ後には続きがあるのか―臨死と意識の科学の最前線』（扶桑社）など著書多数。

米国シアトル在住。

キラキラ輝く人になる

悟りに近づく、超能力を磨く、究極の自分錬金術

●

2018年1月31日　初版発行

著者／エリコ・ロウ

装幀／福田和雄
本文デザイン・DTP／山中 央
イラスト／アラン・ロウ（Alan Rowe）
編集／磯貝いさお

発行者／今井博央希

発行所／株式会社ナチュラルスピリット

〒107-0062 東京都港区南青山5-1-10 南青山第一マンションズ602
TEL 03-6450-5938　FAX 03-6450-5978
E-mail　info@naturalspirit.co.jp
ホームページ　http://www.naturalspirit.co.jp/

印刷所／中央精版印刷株式会社

ISBN978-4-86451-258-9　C0010